本书得到国家社科基金项目"宅基地制度改革对传统村落古民居活化利用的影响研究"（编号：20CGL032）资助，特此致谢！

著 | 曲颂 郭君平

POLICY REFORM
IN RURAL RESIDENTIAL LAND
AND ACTIVE UTILIZATION
FOR ANCIENT DWELLING HOUSES
IN TRADITIONAL VILLAGES

宅基地制度改革
与传统村落古民居的
活化利用

社会科学文献出版社
SOCIAL SCIENCES ACADEMIC PRESS (CHINA)

前　言

党的二十大报告指出，要"加大文物和文化遗产保护力度，加强城乡建设中历史文化保护传承"。乡村文化遗产承载着中华民族的基因和血脉，其传承和发展是推动乡村文化振兴的重要内核。自党的十八大以来，以习近平同志为核心的党中央，立足时代发展对乡村文化遗产保护与发展工作做出一系列重要部署，指出传统村落、少数民族特色村寨等自然历史文化特色资源丰富的村庄是彰显和传承中华民族优秀文化的重要载体。对于这些特色保护类村庄要统筹保护、利用与发展的关系，全面保护文物古迹、历史建筑、传统民居等传统建筑，形成特色资源保护与村庄发展的良性互促机制。这些指示为新时代保护利用乡村文化遗产提供了重要遵循。

传统村落作为活态的乡村文化遗产，是我国农耕文明的产物，积淀了宝贵的历史信息和文化景观，并通过历史建筑、古民居和非物质文化遗产等载体呈现。伴随着生态文明建设、乡村振兴战略的大力实施，传统村落的保护与发展得到了极大重视，创造性传承、"活态"化利用成为全面提振乡村文化的重要内容。自 2012 年住房和城乡建设部、文化部、国家文物局、财政部联合发布《关于开展传统村落调查的通知》正式启动传统村落认定工作以来，先后有六批共计 8155 个古村落被列入国家级传统村落保护名录，占全国行政村总量的 1.18%、自然村总数的 0.31%。在传统村落中，保存着数量巨大、分布广泛、类型丰富的古民居，这些延续着农民居住功能、富有文化价值、不可再生的特殊建筑遗产，由于缺乏有效保护和合理利用，正日渐走向衰败甚至消亡，如何让农民的古民居"留下来""活起来""用起来"成为乡村文化遗产保护领域亟待研究的重要课题。

古民居是宅基地上的附着建筑物，在实际使用、处分中受制于固有的"房随地走、地随房走"的房地捆绑关系，宅基地有效流转、合理利用是古民居活化利用最根本、最核心、最关键的环节。长期以来，以"集体所有、成员使用""一户一宅、面积限定""无偿取得、无限期使用""内部转让、交易受限"为特征的农村宅基地制度被视为古民居保护利用的"拦路虎"，但自 2015 年以来开展的宅基地制度改革试点围绕宅基地取得方式、有偿使用、自愿有偿退出及"三权分置"等内容进行了积极探索，取得了一系列创新性制度成果，为松绑宅基地使用权，激活"沉睡的"宅基地和古民居资源打开了突破口。2020 年 10 月，全国 104 个县（市、区）和 3 个整建制地级市开启了新一轮宅基地制度改革，扩充了宅基地"三权分置"、流转、抵押、退出、有偿使用、收益分配、审批监管等 9 项制度内容，并要求做好宅基地调查摸底、村庄规划、历史问题化解、确权登记 4 项基础工作，为创新探索传统村落古民居活化路径提供了更广阔的空间。在此背景下，本书基于文化遗产学、产权经济学、管理学等跨学科理论视角，试图在宅基地制度改革框架下，从激活宅基地及古民居的财产权益角度出发，探究宅基地制度改革对古民居活化利用的影响效应，探寻古民居的多重活化路径，以期在保护农民权益和传承乡村文化遗产的同时，实现古民居经济与文化价值的最大化，促进特色保护类村庄可持续发展，增加农民财产性收入，进而推动农村农民共同富裕。

本书采取定量分析与案例研究相结合的方法，利用前期积累的"全国闲置宅基地和闲置农房状况调查"数据库中涵盖全国30个省份200个县（市、区）31288个行政村的调查数据，以及实地调研的4个宅基地制度改革试点县（市、区）和3个非改革试点地区共20个古村落（其中，列入中国传统村落名录15个、省级及以下保护单位村落5个）410户农户的问卷数据与案例材料，全面梳理现行宅基地制度对古民居活化利用的制约，重点揭示宅基地制度改革对古民居活化利用的影响效应与作用机理，深入剖析典型村落突破宅基地制度束缚促进古民居活化利用实践的特点与适用性，最后在借鉴国际典型经验、科学研判未来形势、反映农民诉求和梳理可能出现风险的基础上，系统提出推进传统村落古民居活化利用的政策建议。

一　现行宅基地制度安排对传统村落古民居
"自由"处分的限制

传统村落中的古民居大部分仍延续着原有的居住功能，故而本质上仍是提供居住功能的农村住房，适用于农村住房制度。我国现行农村住房制度是依托宅基地制度而形成的，在古民居自身保护不足和宅基地制度捆绑约束下，古民居的利用现状堪忧。调查发现：一是样本中超七成的古民居未采取活化利用措施，并且"插花式"

闲置衰败严重加大了统一利用难度；二是在"房地一体"的捆绑关系下，古民居流转交易受限成为僵化的"死资产"；三是宅基地管理不力和村庄住房建设规划滞后的矛盾相互交织，使得古民居陷入无序、低效开发困局；四是高达 65.55% 的古民居共有产权关系复杂，严重掣肘民居建筑的保护利用。

现行宅基地制度的一个重要特征是"房地差别赋权"，农民对房屋拥有完整产权权能，但对宅基地仅有占有权、使用权，使得古民居受到宅基地制度"羁绊"而无法"自由"处置。本书调查发现，"现行宅基地政策的限制性规定"被视为阻碍古民居活化利用的第二大因素，其根本症结在于：其一，宅基地无限期持有制度将古民居"锁死"在原产权人手中，不利于宅基地合理流动配置，甚至可能在宅基地和古民居流转交易中出现"价格垄断"；其二，宅基地以提供居住功能与福利保障为主要价值取向，生产经营性用途管制导致古民居无法满足多样化利用需求；其三，宅基地转让范围限制在集体经济组织内部，市场机制无法发挥作用，窒碍了宅基地和古民居财产价值的充分实现；其四，宅基地收回制度缺乏可操作性，致使常年闲置、濒临坍塌的古民居无法收归集体所用；其五，宅基地有偿退出机制不健全，农户退出积极性不高，致使古民居陷入"修不起、用不了、退不出"的困境；其六，实用性村庄规划长期缺位，一些传统村落在人居环境改善和整体风貌提升时片面追求效率、忽视文化内涵，造成古民居同质化、无序开发；其七，房地一体宅基地确权进程滞后，使得古民居权属不清、权能残缺等历史遗留问题尚未化解，掣肘古民居的活化利用。

二　宅基地制度改革促进传统村落古民居
活化利用的理论框架

以"三权分置"为重点的宅基地制度改革在一定程度上化解了地上房屋流转受制于宅基地使用权流转的现实困境，将宅基地权利体系分割成所有权、资格权与使用权，通过设立资格权剥离了宅基地使用权的福利性质与身份专属性，推动宅基地使用权在更大范围内流转，最大限度激活宅基地及其地上房屋的财产权能。理论上，"三权分置"通过"产权拆解、权能拓展"推动宅基地及其地上古民居活化利用的内在机理表现在以下三个方面：一是落实村集体经济组织对宅基地管理的重要权责，具体通过行使监督权、收回权和收益权予以体现；二是通过资格权固化集体成员身份的居住保障功能，适度放活了宅基地使用权流转；三是拓展宅基地和古民居的复合性用途，开发转让、抵押、有偿退出、入股或联营等多种流转方式，推动以市场化交易实现宅基地和古民居的财产权益。

显化于实践中，宅基地制度改革为活化利用古民居拓展了多种实现路径：一是出租，宅基地和古民居使用权租赁给村民、村集体经济组织、城市居民或社会资本使用，租赁期不得超过《中华人民共和国民法典》规定的20年；二是转让，房地使用权突破了集体内部转让的限制，转让范围扩大至镇域或县域范围内符合宅基地申请条件的集体经济组织成员，但需要对转让后的使用期限和用途加以规制；三是抵押，农民住房财产权（宅基地使用权）一并抵押，申请银行贷款融资用于农户自主盘活利用古民居；四是自愿有偿退出，宅基地使用权和古民居所有权退回至村集体经济组织，村集体经济组织成为宅基地使用权与所有权的同一主体，统一规划利用古民居，而农民获得新的宅基地（建新住房）、农民公寓房、城镇商品房、社会保障或现金等补偿；五是入股或联营，农民以宅基地和古民居使用权入股经营或联合社会资本共同经营，产生收益按双方约定的股权份额分配。调查发现，在以上五种路径中，农户最偏好的三种路径依序为：入股或联营、出租和自愿有偿退出。与之基本一致，村干部认为最可行的三种方式依序是：自愿有偿退出、入股或联营和出租。

三　宅基地制度改革对古民居活化利用的普遍性影响与机理检验

为提高实证检验结果的普遍性，本书基于全国 30 个省份 200 个县（市、区）31288 个行政村的大样本调查数据，运用倾向得分匹配（PSM）和中介分析法（MA），重点剖析了宅基地制度改革对农房（古民居）闲置的减缓效应及影响机制，探讨了不同经济区域、地理区位及村庄规模下的组群差异，据此将研究结论运用到宅基地制度改革影响传统村落古民居活化利用的分析中，并揭示相关的作用机理。相关结论如下。宅基地制度改革可以促进闲置农房盘活利用，有效减缓农房闲置程度，而且对季节性闲置农房的盘活效力大于常年闲置农房，不仅使村庄农房总闲置率、季节性闲置率和常年闲置率分别净下降 2.321 个、2.051 个和 0.270 个百分点，也使每百户农房总闲置数、季节性闲置数和常年闲置数依序净减少 2.408 栋、2.114 栋和 0.294 栋。相比其他不同类型村庄，宅基地制度改革对特大型村、中郊村以及西部地区村庄农房闲置的减缓效应更大且更显著。此外，完善宅基地取得或促进宅基地流转（如出租、转让、入股、退出等）在宅基地制度改革与农房盘活利用中均发挥了部分中介作用，有助于降低农房总闲置数和季节性闲置数。这为宅基地制度改革拓展传统村落古民居活化路径提供了证据支持。

四　宅基地制度改革推动传统村落古民居活化利用的实践解析与效果评价

基于理论分析和实证检验结果，本书从实践层面梳理总结宅基地制度改革推动传统村落古民居活化利用的典型案例，并利用实地调研数据检验宅基地制度改革对古民居保护利用可能产生的正负向效应。首先，通过宅基地制度改革试点与非改革试点地区典型调研的对比分析，遴选具有代表性的三个案例，从古民居利用模式（房）、宅基地盘活形式（地）和参与主体组织方式（人）三位联动的视角进行深度剖析，揭示这些典型案例的特点与适用性，为不同发展条件的传统村落选择适宜的古民居活化方式提供参考。①商业化功能转换开发模式：基于宅基地有偿退出、集中流转、入股经营等多种形式，以吉林省梅河口市湾龙沟村朝鲜族建筑群（"村集体主导+集中流转使用+农户参与"）、山西省泽州县大阳古镇明清古建筑（"村集体集中收储+旅游公司统一开发+农户参与"）、浙江省松阳县平田村"拯救老屋行动"（"乡贤带动+旅游公司开发+农户参与"）为代表；②原真性活态保护利用模式：基于宅基地出租、入股多用途流转经营形式，以云南省大理市喜洲镇白族古建筑群（"农户自主利用+政府服务+社会力量补充"）、浙江省松阳县吴弄村集中连片古民居（"农户自主利用+政府服务+村集体统一规划+社会力量补充"）为代表；③易地安置集中保护利用模式：基于整个村落宅基地有偿退出的形式，以浙江省松阳县横岗村清代古建筑群（政府主导的"宅基地有偿退出+征为国有+挂牌出让"）为代表。

其次，通过统计推断和构建计量模型，量化评估了宅基地制度改革对古民居活化利用的影响效应。研究发现，宅基地制度改革虽然对古民居活化利用产生了正向效应，例如，明确了古民居的产权关系，增强了产权人保护自家古民居意识，提高了产权人对古民居的自住偏好及自住率，提高了产权人对古民居活化利用的关注度、重视程度以及意愿等，但是，其对古民居活化利用也存在一定负向影响，例如，宅基地制度改革使产权人对宅基地及古民居的经济价值产生更高的心理预期，由此降低了产权人对本村古民居活化利用程度的评价、对古民居保护性政策法规及其监管力度的评价以及对古民居活化利用政策法规及其落实力度的评价。

五　未来展望与政策建议

展望未来，随着新一轮宅基地制度改革试点向纵深推进，累积已久的宅基地历史遗留问题将逐步化解，宅基地制度体系也将不断完善。在这一政策机遇下，闲置古民居的活化利用将迎来更具活力、更为广阔的发展空间。同时，"乡村共享经济"的兴起，有望成为乡村振兴的突破口，"共享古民居"未来可期。数字乡村建设也将助力古民居精准利用，提高活化利用的供需对接服务能力。不仅如此，产权人和村干部的意愿或诉求在一定程度上也显现了未来古民居活化利用的方向。例如，多数产权人希望参加古民居活化利用的相关政策法规培训，并通过外观整治、增加生活设施及改变房屋内部结构等处置方式"整体"或"部分"将自家古民居用于发展民宿和展览馆；多数村干部倾向于借助、发挥"政府+村集体+开发商"的力量，采用"以开发商为主、政府为辅，统一进行商业开发"的运营模式，将古民居用于发展古村名胜风景区、民俗文化村和酒店式度假村。然而，必须注意的是，宅基地制度改革涉及农民的切身利益，十分敏感且复杂。对宅基地制度改革过程中可能触发的宅基地居住与福利保障功能弱化、乡村精英不当获取政策资源、城市资本不规范开发利用等各种风险应提前谋划、防患于未然。

综上分析，本书最后提出基于宅基地制度改革推动传统村落古民居活化利用的政策建议：一是借助房地一体宅基地确权登记成果，建立健全古民居闲置监测机制；二是拓宽宅基地复合性功能和转让交易范围，筑牢古民居活化边界与保护底线；三是健全宅基地有偿退出机制，分类实施闲置古民居有偿退出政策；四是完善宅基地与古民居流转交易机制，高效对接多样化市场需求；五是建立健全古民居集中收储机制，强化村集体统一规划管理职能；六是以村庄规划编制为契机，深度融入古民居保护发展规划；七是针对闲置、毁损严重的民居类文物建筑，实行将其占有范围的宅基地转变为集体经营性建设用地的特殊政策；八是从推动社会力量参与古民居保护利用机制、建立产权人利益保护机制以及推进社会保障制度改革等相关配套支持政策出发，助推传统村落古民居的活化利用。

第一章

宅基地制度改革为传统村落
古民居活化利用带来契机

一 研究背景与目标

（一）研究背景

作为乡村文化遗产的重要组成部分，古民居是中华民族传统文化的重要载体，对它们的保护与利用是传统村落可持续发展的关键。然而，那些属于农民私人所有的古民居受制于产权关系复杂、产权人修缮维护能力不足、流转交易不畅及社会主体开发受阻等因素，正日渐走向闲置破败，成为乡村文化遗产保护与发展工作的盲点与痛点。据本书调查①，超过一半的受访产权人对古民居保护状况的评价不高。在所有受访产权人中，认为保护较差者占 12.37%，认为保

① 如无特殊说明，本书中引用的数据、地方案例和图片均为笔者在 2015～2022年调研期间获取。

护一般者占 40.86%，认为保护完好者占 46.77%。相较而言，受访村干部的感知更消极一些，超过六成的村干部对古民居保护状况的评价不高。在所有受访村干部中，认为受损严重者占 23.08%，认为存在一定程度损坏者占 38.46%，认为保持了原貌者占 38.46%。除了保护广度、强度相对不足外，古民居的闲置状况不容忽视。本书调查发现，当前多数古民居处于常年闲置与季节性闲置、整体闲置与部分闲置并存状态；从古民居自住率来看，产权人将古民居用于自住的占 50.50%，用于非自住（常年整体闲置或他用）的占 49.50%，两者非常接近。

2017 年，党的十九大报告提出乡村振兴战略，指出传承发展提升农村优秀传统文化，走乡村文化兴盛之路，是乡村振兴战略实施的重要路径之一，将乡村传统文化的价值意义提到新高度。与此同时，在党的十九大报告中，习近平总书记关于"绿水青山就是金山银山"的生态文明思想以及建设美丽乡村，让人们"看得见山，望得见水，记得住乡愁"的城乡和谐发展理念，极大地推动了对农耕文明的传承和保护。2018 年中央一号文件《中共中央　国务院关于实施乡村振兴战略的意见》提出"传承发展提升农村优秀传统文化"，为活化利用传统村落古民居创造了重要契机。同年，中共中央、国务院印发《乡村振兴战略规划（2018—2022 年）》，明确要求针对"特色保护类村庄"，应统筹保护、利用与发展的关系，全面保护文物古迹、历史建筑、传统民居等传统建筑，合理利用村庄特色资源，形成特色资源保护与村庄发展的良性互促机制，"保护利用乡村传统文化……保护好文物古迹、传统村落、民族村寨、传统建筑……传承传统建筑文化……"，并且将"拯救老屋行动"作为助力乡村振兴的重要之举，列入规划中的乡村文化繁荣兴盛重大工程。2022 年中央一号文件《中

共中央 国务院关于做好 2022 年全面推进乡村振兴重点工作的意见》再次强调要保护特色民族村寨，实施"拯救老屋行动"。

传统村落既是乡村文化的根源，也是繁荣兴盛乡村文化、培育文明乡风的载体，让传统村落中承载丰富历史信息和文化景观的民居建筑遗产"活"起来，在与时俱进中创造性传承和发展已成为全社会共识。实施乡村振兴战略，关键在于激活人、地、钱三大要素，宅基地制度改革（简称"宅改"）则能够有效促进人口、土地、产业、资金等城乡要素的快速流动和整合重组，是推进乡村振兴的有力抓手。古民居建造在宅基地之上，宅基地能否有效流转、合理利用是助推古民居活化利用最根本、最核心、最关键的环节。2015 年在全国 33 个试点县（市、区）开启的包含宅基地制度改革在内的农村土地制度三项改革，历时近五年，已于 2019 年收官。试点地区围绕完善宅基地权益保障与取得、探索宅基地有偿使用制度和自愿有偿退出机制、完善宅基地管理制度以及宅基地"三权分置"改革等重要内容已形成了一些可复制、能推广、利修法的制度性成果，为松绑宅基地及古民居使用权、激活闲置宅基地和古民居资源打开了突破口。

2020 年 10 月，全国 104 个县（市、区）和 3 个整建制地级市开启了新一轮宅基地制度改革，试点任务由上一轮"两探索、两完善"拓展为"三权分置"、流转、抵押、退出、有偿使用、收益分配、审批监管等"五探索、两健全、两完善"9 项制度内容，并要求做好宅基地调查摸底、村庄规划、历史问题化解、确权登记等 4 项基础工作。在此背景下，借助深化宅基地制度改革试点契机，探索创新传统村落古民居的活化路径，构建古民居保护与利用的长效互促机制恰逢其时，也十分必要。

（二）主要目标

传统村落中私人产权古民居的修缮、保护、利用之难，是各地文化遗产保护发展工作面临的一个普遍性问题。本书在宅基地制度改革框架下，从激活宅基地及古民居的财产权益角度出发，探究宅基地制度改革对古民居活化利用的影响效应，探寻古民居的多重活化路径，以期在保护农民土地权益和传承乡村文化遗产的前提下，实现古民居经济价值与文化振兴，促进特色保护类村庄可持续发展，同时增加农民财产性收入，推动农村农民共同富裕。

（三）基本思路

本书的研究思路如图1-1所示。

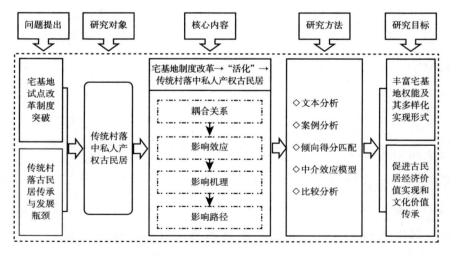

图1-1　研究思路

二　研究任务与资料来源

（一）研究任务

本书首先从城乡关系视角切入传统村落、古民居保护利用的形势演变，并直击现行宅基地制度束缚下传统村落古民居活化利用的困境与症结；其次在梳理宅基地制度改革试点任务及取得的制度性突破的基础上，从理论分析和实证检验两个层面充分阐释宅基地制度改革对古民居活化利用的影响与作用机理，进而结合实地调研案例与问卷数据，归纳总结宅基地制度改革推动古民居活化利用实践中的多种供地模式，并考察两个重要行使主体——产权人和村干部对现有古民居保护利用政策实施效果的评价；最后在充分借鉴国际典型经验，并对未来宅基地制度改革发展方向做出预判的基础上，提出通过宅基地制度改革推动古民居（包括普通古民居和民居类文物建筑）有效利用的政策建议。为此，本书主要采用历史文献研究、统计分析、计量模型分析与案例分析等多种研究方法。

本书坚持理论与经验研究相统一、实证与规范分析相结合的原则，严格遵循以下逻辑主线：归纳→演绎→归纳→演绎（巩固）；实践→理论→实践。研究技术路线如图 1-2 所示。

（二）数据资料来源

本书使用的调查数据和案例材料主要来自以下三个方面。

1. 文献资料收集整理

对有关宅基地制度改革试点、传统村落保护发展、乡村文化遗产传承利用等内容的政策文件、研究文献、各级政府有关部门工作

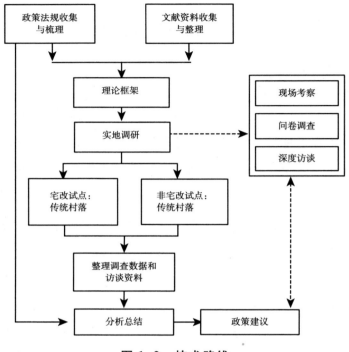

图 1-2　技术路线

报告等进行广泛收集与整理。

2. 前期获取的大样本调查数据

依托农业农村部农村合作经济指导司于 2018 年 12 月至 2019 年 4 月组织的"全国闲置宅基地和闲置农房状况调查"数据库，获取了全国 30 个省份 200 个县（市、区）31288 个行政村的调查数据，直接用于宅基地制度改革对农房（古民居）盘活（活化）利用的普遍性影响与机理分析。

3. 专门组织的实地调研

（1）调研时间：2020 年 9~10 月，详细制定了实施方案并设计了相应的调研方案、座谈提纲与调查问卷（村级和村民两级）；2020

年 11 月在海南省文昌市开展实地调研，对调查问卷、调研流程进行优化完善；2021 年 3~5 月在江苏省苏州市、北京市门头沟区、山西省泽州县开展调研；2021 年 8~9 月在云南省大理市、浙江省松阳县开展调研；2021 年 11 月在吉林省梅河口市开展补充调研。最终获得 4 个宅基地改革试点县（市、区）和 3 个非改革试点地区的 20 个古村落 410 户农户的问卷数据与案例材料。

（2）调研方式：一是与相关部门展开座谈、讨论，包括农业农村部门、文化和旅游部门、人力资源和社会保障部门、自然资源部门、镇级主要干部等；二是对村干部和产权人（农户）进行深度访谈，开展问卷调查。

（3）调研对象：以住房和城乡建设部公布的五批列入中国传统村落名录的传统村落为基础，并结合新一轮宅基地制度改革试点，同时兼顾少数民族地区、东中西部地区等特征，选取了云南省大理市、山西省泽州县、吉林省梅河口市和海南省文昌市 4 个宅基地改革试点县（市），以及北京市门头沟区、江苏省苏州市、浙江省松阳县 3 个非改革试点地区，总计 15 个中国传统村落。同时，考虑到问卷调查对在村人口、古民居等数量的实际要求，还选取了 5 个一般古村落进行了走访调查（见表 1-1）。

表 1-1　（传统）村落调研名单

省（市）县（区）	乡镇	村落	级别	古民居概况	是否为宅改试点
北京市门头沟区	斋堂镇	爨底下村	中国传统村落（第一批）	爨底下村:村落有 500 余年历史,70 余套 500 余间明清时期的四合院、三合院;精美壁画和砖雕;等等	否

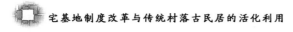

续表

省（市）县（区）	乡镇	村落	级别	古民居概况	是否为宅改试点
吉林省梅河口市	湾龙镇	湾龙沟村	少数民族古村落	湾龙沟村：朝鲜族村，典型朝鲜族建筑	是
海南省文昌市	潭牛镇	仕头村	中国传统村落（第五批）	文昌市：明清古民居；海南侨乡建筑，南洋风格与本土元素相结合	是
海南省文昌市	铺前镇	美宝村	中国传统村落（第五批）	文昌市：明清古民居；海南侨乡建筑，南洋风格与本土元素相结合	是
海南省文昌市	文城镇	下山陈村	中国传统村落（第五批）	文昌市：明清古民居；海南侨乡建筑，南洋风格与本土元素相结合	是
江苏省苏州市吴中区/吴江区	金庭镇	东村村	中国传统村落（第二批）	东村村：明清古建筑30多处，省、市级文保单位4处，苏州市控保建筑6处	否
江苏省苏州市吴中区/吴江区	平望镇	溪港村	一般古村落	东村村：明清古建筑30多处，省、市级文保单位4处，苏州市控保建筑6处	否
江苏省苏州市吴中区/吴江区	横扇镇	四都村	一般古村落	东村村：明清古建筑30多处，省、市级文保单位4处，苏州市控保建筑6处	否
山西省泽州县	大阳镇	东街村	中国传统村落（第二批）	大阳古镇：古镇有2600多年历史，全镇现有国保1处、市保17处、县保5处、省级非遗6项、县级非遗4项，明清古建筑群约34万平方米、古院落800余个；仕官文化、礼乐文化、冶铁文化、上党民俗	是
山西省泽州县	大阳镇	西街村	中国传统村落（第二批）	大阳古镇：古镇有2600多年历史，全镇现有国保1处、市保17处、县保5处、省级非遗6项、县级非遗4项，明清古建筑群约34万平方米、古院落800余个；仕官文化、礼乐文化、冶铁文化、上党民俗	是
山西省泽州县	大阳镇	三分街村	一般古村落	大阳古镇：古镇有2600多年历史，全镇现有国保1处、市保17处、县保5处、省级非遗6项、县级非遗4项，明清古建筑群约34万平方米、古院落800余个；仕官文化、礼乐文化、冶铁文化、上党民俗	是
山西省泽州县	高都镇	保福村	一般古村落	高都镇：寺庙众多，有省保单位3处，明清时期古院落300多个	是
浙江省松阳县	竹源乡	横岗村	中国传统村落（第三批）	松阳县：中国传统村落75个，1600余处明清时期古民居；中国传统村落保护发展示范县、"拯救老屋行动"整县推进试点县。象溪镇是该县畲族村数量最多、少数民族人口最集中的镇	否
浙江省松阳县	四都乡	平田村	中国传统村落（第三批）	松阳县：中国传统村落75个，1600余处明清时期古民居；中国传统村落保护发展示范县、"拯救老屋行动"整县推进试点县。象溪镇是该县畲族村数量最多、少数民族人口最集中的镇	否
浙江省松阳县	望松街道	吴弄村	中国传统村落（第二批）	松阳县：中国传统村落75个，1600余处明清时期古民居；中国传统村落保护发展示范县、"拯救老屋行动"整县推进试点县。象溪镇是该县畲族村数量最多、少数民族人口最集中的镇	否
浙江省松阳县	三都乡	杨家堂村	中国传统村落（第二批）	松阳县：中国传统村落75个，1600余处明清时期古民居；中国传统村落保护发展示范县、"拯救老屋行动"整县推进试点县。象溪镇是该县畲族村数量最多、少数民族人口最集中的镇	否
浙江省松阳县	三都乡	上田村	中国传统村落（第四批）	松阳县：中国传统村落75个，1600余处明清时期古民居；中国传统村落保护发展示范县、"拯救老屋行动"整县推进试点县。象溪镇是该县畲族村数量最多、少数民族人口最集中的镇	否
浙江省松阳县	象溪镇	金钟村	少数民族古村落	松阳县：中国传统村落75个，1600余处明清时期古民居；中国传统村落保护发展示范县、"拯救老屋行动"整县推进试点县。象溪镇是该县畲族村数量最多、少数民族人口最集中的镇	否

省（市）县（区）	乡镇	村落	级别	古民居概况	是否为宅改试点
云南省大理市	喜洲镇	喜州村	中国传统村落（第一批）/少数民族古村落	喜洲白族民居群：明代至1949年前"三坊一照壁、四合五天井"的白族民居院落，有3处国保、12处一般文保、47处市保；喜洲商帮文化；白族扎染技艺；茶文化、民间刺绣坊和手工艺木雕；等等	是
	喜洲镇	周城村			

（4）问卷数据：在剔除乱填、空白和严重缺答的废卷后，本书最终得到410份产权人问卷和20份村干部问卷。总体来看，调研覆盖了不同地区、民族和经济发展状况的传统村落中古民居的保护现状与利用全貌，调查样本具有较强的代表性，能够反映农村实际情况。

表1-2提供的产权人样本基本特征（根据分类变量分组）显示，从是否为宅基地制度改革试点来看，宅改试点与非宅改试点地区的受访产权人分别占69.27%、30.73%；从性别比例来看，男性与女性受访产权人分别占72.44%、27.56%，符合农村家庭户主大多为男性的现实；从民族类别来看，汉族与少数民族受访产权人分别占61.95%、38.05%；从年龄分布来看，平均年龄为56.13岁，其中，35岁及以下占17.80%，36~45岁占14.39%，46~55岁占28.54%，56岁及以上占39.27%，体现了农村人口趋于老龄化的特征；从受教育程度来看，小学及以下、初中、高中或中专、专科或本科的受访产权人分别占19.02%、40.24%、

32.68%、8.05%，表现出以初中、高中或中专学历为主；从职业类型来看，受访产权人属于农民、农业转移人口（以本地务工为主）、个体经营者、政府职员或村干部、教师和其他职业者的分别占 64.39%、15.61%、10.49%、1.46%、0.98% 和 7.07%。此外，样本中家庭户籍人口最少的仅有 1 人，最多的达 15 人，平均为 5.09 人；家庭年收入最低的只有 0.1 万元，最高的达 30 万元，平均为 5.07 万元。

表 1-2　产权人样本基本特征

单位：个，%

变量		样本量	占比
宅基地制度改革	宅改试点	284	69.27
	非宅改试点	126	30.73
性别	男	297	72.44
	女	113	27.56
民族	汉族	254	61.95
	少数民族	156	38.05
年龄	35 岁及以下	73	17.80
	36~45 岁	59	14.39
	46~55 岁	117	28.54
	56 岁及以上	161	39.27
受教育程度	小学及以下	78	19.02
	初中	165	40.24
	高中或中专	134	32.68
	专科或本科	33	8.05
职业类型	农民	264	64.39
	农业转移人口	64	15.61
	个体经营者	43	10.49
	政府职员或村干部	6	1.46
	教师	4	0.98
	其他职业者	29	7.07

注：有些分组变量的频数合计不一致或未达到总样本数是划分标准存在缺失值所致。

三　创新之处

首先，本书聚焦文化遗产中备受"冷落"、日渐衰败的古民居，立足破解传统村落中普遍存在的巨量私人产权古民居活化难题，在学术观点上为现有研究和政策制定提供了有效的补充。

其次，从建筑遗产保护理论、产权理论和管理学理论相融合的跨学科理论应用视角，探讨了农民私人产权古民居的活化路径，将激活古民居资产价值与宅基地使用权流转、闲置农房盘活相结合，重视古民居所有者的财产权益与生活权益，弥补了现有研究思路囿于民居建筑物本身价值、忽视产权人利益的不足，丰富并充实了相关研究。

最后，研究方法以实证分析为主，将文化遗产保护与发展领域惯用的质性研究方法与计量经济分析方法（如倾向得分匹配、中介效应模型等）有效结合起来，得出的结论更为科学、客观，政策参考性更强。

四　文献简要述评

传统村落中的古民居与宅基地有着天然的联系，在现行宅基地制度框架下遵循"房随地走"或"地随房走"的房地捆绑关系，既有研究分别围绕传统村落、民居建筑、宅基地与农村住房制度等领域进行了广泛探讨。

国外对乡村聚落的研究起步较早，自19世纪初到20世纪中叶，相关研究从地理学和建筑学视角聚焦乡村聚落的形成、分布、类型、环境、职能及规划等（Hoskins，1955），为聚落的保护拓展做了理论铺垫。20 世纪 60~80 年代，随着地方性文化得到重视，乡村聚落的研究重心开始转向乡土建筑，受"计量革命""行为革命"的影响，研究方法注重定性与定量相结合（Hoffman，1964）。自 20 世纪 80 年代以来，乡村聚落的研究逐渐与多学科融合，研究范式的人文社会趋向更加明显（Cloke，1980；Andrew，1985；李红波、张小林，2012），研究内容也日益多元化，密切关注聚落形态演变、乡村人口与就业、乡土建筑保护更新、乡村规划与治理等新问题（Stockdale，2010；Anderson et al.，2017），研究领域大为拓展。值得一提的是，这一时期，以美国和加拿大为代表的西方国家因人口迅速增长、大量农用地转为居民点等建设用地而导致土地价格急剧上涨，乡村聚落的土地保护与利用引起了众多学者的研究兴趣。

我国对传统村落保护利用的理论研究是基于建筑遗产的保护实践发展而来的，最早始于 20 世纪 40 年代建筑史学家刘敦桢教授对古建筑实例的调查、测绘，其开创性地提出了民居建筑这一单独的建筑类别。此后，从 20 世纪 80 年代到 21 世纪初期，为了传承古民居的建造技术和设计理念，建筑学家将民居建筑的研究延伸到村落的民居保护、景观设计与民居改造（彭一刚，1983；阮仪三，2001）。随着新农村建设、美丽乡村建设及乡村振兴战略的相继提出，传统村落的保护发展成为地理学、社会学、生态学、历史学、民俗学等众多领域的热点问题，相关研究成果迅速增多，学者围绕传统村落整体价值评定、人居环境与空间重构、乡村聚落起源及变迁、乡土建筑保护、民族文化传承发展等主题开展特色研究（陈志华、李秋香，2008；胡燕等，2014；刘韫，2014；廖军华，2018；任映红，2019；马新，2019），形成了较为丰富、系统的理论体系。

然而，传统村落保护与利用无法绕开古民居的个人产权问题，而这一方面既有研究鲜有涉足。如何发挥农民主体作用、引导社会资本参与、多形式盘活民居资产，促进传统村落民生改善和产业振兴，随着宅基地制度改革开始破题。

农村宅基地制度是中国土地制度中非常独特的一项制度安排（刘守英，2015）。在多数国家，一般只有地上权之规定，并无宅基地之说。有关研究主要涉及农村居民点或城乡边缘带用地变化状况（Richard and Daniel，2007）、农村土地税收和交易问题（Hardie et al.，2001；Valsecchi，2014；Boue and Colin，2018），以及土地整理与乡村发展关系（Zasada and Piorr，2015；Janusa and Markuszewskab，2019）等方面。作为关乎农村土地制度改革全局关键而复杂的领域，宅基地制度改革一直是国内学界讨论的焦点。现行宅基地制度只允许农民依靠集体经济组织成员身份无偿取得使用权，"居者有其屋"的社会保障功能位居权利属性的主导地位，弱化了以财产权交易和市场方式配置宅基地的可能路径（高圣平，2019a）。虽然宅基地限制流转引发了城乡建设用地市场分割，导致制度效率损失（钱忠好、马凯，2007），而且对城镇化进程产生了不利影响（周文等，2017），但这种制度安排保障了农民以"渐进城镇化"模式有序、稳定地在城乡之间双向流动，避免了发展中大国普遍出现的"贫民窟"现象及由此引发的政治社会动荡（夏柱智、贺雪峰，2017），对重构农村集体经济组织也具有重要作用（中国社会科学院农村发展研究所"农村集体户权制度改革研究"课题组，2015）。

但是，伴随城乡二元体制松动、乡村产业蓬勃发展等形势变化，宅基地的用途远超出居住保障功能的范围，宅基地权能扩充、流转扩大的需求日趋强烈，推进宅基地市场化改革势在必行。自以宅基地"三权分置"为重要内容的宅基地制度改革实施以来，大量研究梳理了宅基地制度演进脉络、改革目标取向、试点进展与困境（王俊龙、郭贯成，2022；刘俊杰等，2020），也有诸多研究聚焦宅基地资格权实现形式（刘恒科，2021）、使用权流转与有偿退出（董新辉，2019；吴郁玲等，2018）、发展权配置转移及其对闲置农房盘活、农民收入与乡村振兴的影响（郭君平等，2020；张广辉、张建，2021；姚树荣等，2022），进而提出应健全宅基地权能体系、扩大产权结构开放性和促进土地要素市场化配置（叶兴庆，2020；严金明等，2019），更多地实现农民宅基地财产权益。

综观已有研究，国内外学者分别从各自的学科视角对传统村落、民居建筑及宅基地制度改革进行了充分而深入的讨论，为后续研究奠定了良好基础，但依然存在可以进一步探究的空间。其一，既有文献囿于研究视角的单一、孤立，对古民居的研究仅仅停留在对民居建筑本体的改造使用上，忽视了将其占用的宅基地视作一个整体从多学科视角予以探讨。其二，有关古民居的研究侧重于建筑物本身的文化价值，忽视了建筑物所有者的财产权益与生活权益，由此制定的保护利用举措因缺乏农民认同而难以落地。其三，聚焦传统村落、古民居保护更新的研究多是基于理论视角、典型案例，缺乏定量分析与多学科融合的实证研究，以致论证过程的规范性、科学性亟待加强，相关结论的合理性、客观性有待商榷。本书试图弥补以上不足，从文化遗产学与产权经济学、管理学等相融合的跨学科理论应用视角，将宅基地制度改革与传统村落古民居"活化"相结合，通过调查数据的定量考察，深入探讨如何通过宅基地制度改革激活古民居的经济与文化价值，实现古民居产权人的财产权益，以期为深化宅基地制度改革背景下探寻古民居的活化利用对策提供理论支撑与经验借鉴。

第二章

传统村落古民居保护利用形势演变、
困境及制度症结

我国的乡村与城市两种聚落形态有着不同的生存法则和发展规律。在城镇化、工业化的发展进程中，城市的不断拓展对传统村落产生了深刻的影响，城市化一方面使大量乡村人口迁入城市，另一方面又不断吞噬着周围的乡村空间，使传承千年的传统农耕模式、景观环境、建筑遗迹等发生巨变。近年来，随着党中央"望得见山，看得见水，记得住乡愁"的新型城镇化建设要求的提出，传统村落的保护发展备受关注。实施乡村振兴战略的重大决策，进一步为传统村落的复兴和发展营造了良好环境。因此，从城乡关系变迁视角总结我国传统村落及古民居保护发展的形势变化，聚焦现行宅基地制度对保护利用古民居的现实制约，是理解宅基地制度改革对活化利用古民居重要作用的前提。

一　城乡关系视角下传统村落古民居
保护利用形势演变

自新中国成立以来，传统村落与古民居保护利用的形势变化跟随国家"三农"政策发展而历经从重开发到重保护再到保护与发展并重的转变。

（一）重开发：城镇化快速发展中遭到冷落（1978~2002年）

传统村落主要定型于农耕类型文明，而中国又是世界上农耕类型文明最为发达的国家，这就成就了传统村落形态格局的纷繁多样。在工业革命爆发之前的农耕社会时期，得益于相对封闭的社会文化环境，传统村落保持了民居建筑和传统文化的延续性和完整性，其建造技艺也代代相传。然而，随着英国工业革命的爆发，世界各国开始从以农业为主的传统乡村社会转向以工业和服务业为主的现代城市社会，全世界进入城市化的新发展阶段。在城镇化进程中，人类社会关注更多的是能带来经济效益的资源利用问题，却忽视了历史建筑带给人类社会文化脉络的传承问题。

新中国成立后，特别是自改革开放以来，快速城镇化给传统村落的乡土建筑遗存带来了巨大影响，造成了大量"建设性""开发性"损毁和破坏。城镇化对传统村落造成的存量减少和质化灭失，具体表现在两个方面。一是征占村落土地。城镇化加剧了城市用地规模的扩张，一些地区急功近利，通过大量征占农民的土地，进行土地收购储备和房地产开发，许多传统村落和文物建筑毁于城镇化中的盲目城市扩张。特别是区位优势明显、交通便利的地区，工业化和城镇化发展越快，传统村落越是锐减、存续数量越少。二是村落空心化。现代城市的崛起一定会吸引大量的农村人口，村落劳动力流失逐渐引发的空心化便开始出现。特别是大量位于边远地区的少数民族村落空心化现象更为突出。随着乡村人口流失，不少传统民居被废弃，其内部功能空间已经不能满足现代人的居住需求，在村落规划缺失情况下，农民肆意改变、更新民居建筑，民族村寨风貌受到破坏。

总体而言，这一时期，由于我国在传统村落保护的思想理论上存在缺失，缺少必要的公共政策和保护措施，一批又一批传统村落在加快工业化和推进城镇化中迅速消失。

（二）重保护："三农"高度重视下迎来转机（2003~2016 年）

2003 年《政府工作报告》首次将"三农"问题纳入其中，强调"农业、农村、农民问题，关系我国改革开放和现代化建设全局""坚持把解决'三农'问题放在突出位置，巩固和加强农业基础地位"，把"三农"问题提到了前所未有的高度。在高度重视"三农"问题的情境下，乡村文化遗产保护发展也迎来了重大转机。2003 年，建设部和国家文物局发布了《中国历史文化名镇（村）评选办法》，并公布了国家首批历史文化名镇，标志着我国历史文化村镇保护制度基本形成，社会学、历史学、经济学、管理学等多学科领域的学者都纷纷加入历史文化村镇的研究中。2006 年，中国民间文艺家协会在浙江西塘举办古村落保护国际论坛，发表了《西塘宣言》，意味着学界已充分意识到古村落保护迫在眉睫。

2007 年 4 月，国家文物局抓住第三次全国文物普查的有利时机，发布《关于加强乡土建筑保护的通知》，要求在第三次全国文物普查中做好乡土建筑遗产调查。据 2012 年发布的第三次全国文物普查数据，不可移动文物中半数以上的文物属于建筑类，其中古建筑类263885 处（34.42%），近现代重要史迹及代表性建筑类 141449 处（18.45%），两大类占我国不可移动文物数量的比例为 52.87%（见表 2-1）。

表 2-1　第三次全国文物普查不可移动文物类别与规模（2007~2011 年）

单位：处，%

类别	数量	比例
古建筑类	263885	34.42
古遗址类	193282	25.21
近现代重要史迹及代表性建筑类	141449	18.45
古墓葬类	139458	18.19
石窟寺及石刻类	24422	3.19
其他	4226	0.55
合计	766722	100

2008 年，国务院颁布了《历史文化名城名镇名村保护条例》，对申报条件、保护规划、编制要求、实施措施和法律责任等内容进行了明确的规定。至此，历史文化村镇的保护拥有了较为完善的法律保障体系。2009 年，国家民委、财政部联合启动少数民族特色村寨保护与发展试点项目，至 2012 年底，中央财政三年时间共投入少数民族发展基金 2.7 亿元，专项用于试点民族特色村寨的保护与发展工作。2011 年 9 月，温家宝总理在中央文史研究馆成立 60 周年座谈会上指出，"古村落的保护就是工业化、城镇化过程中对于物质遗产、非物质遗产以及传统文化的保护"（中国城市科学研究会等，2013）。

2012 年，党的十八大报告提出，"树立尊重自然、顺应自然、保护自然的生态文明理念"。2013 年 7 月，习近平总书记在湖北省鄂州市考察时特别强调，"实现城乡一体化，建设美丽乡村……不能大拆大建，特别是古村落要保护好"（权宗田，2014）。为加强传统村落保护和改善，2012 年 4 月，住房和城乡建设部、文化部、国家文物局、财政部联合发布《关于开展传统村落调查的通知》，启动中国传统村落的调查与认定工作，将具有代表性的村落列入国家名录予以保护，明确界定了传统村落是指村落形成较早，拥有较丰富的传统资源，应包含物质文化遗产、自然文化遗产和非物质文化遗产三方面内容，强调了传统村落蕴含生态、历史、人文和景观等综合价值，其中，传统建筑风貌完整，历史建筑、乡土建筑、文物古迹等建筑集中连片分布或总量超过村庄建筑总量的1/3，是入选的首要条件（见表2-2）。据住房和城乡建设部官网统计，2012年公布第一批国家级传统村落646个，2013年公布第二批915个，2014年公布第三批994个，2016年公布了第四批1598个，2019年公布了第五批2666个，2023年公布了第六批1336个，六批公示列入保护名录的传统村落共计8155个。截至2023年，通过传统村落保护工程，保护了53.9万栋历史建筑和传统民居，传承发展了4789项省级以上非物质文化遗产，形成了世界上规模最大、内容和价值最丰富、保护最完整、活态传承的农耕文明遗产保护群。①

表 2-2　乡村文化遗产保护相关项目对比

项目类别	文物建筑（文物保护单位）	历史建筑	历史文化名村	传统村落
保护价值要点	历史久远、保存完好的重要史迹；具有重大的历史、文化、科学价值	年代较近，具有一定的保护价值，单个构件或技艺能够反映历史风貌和地方特色即可	保存完整的格局风貌，具有重大历史价值或纪念意义	丰富的物质形态（传统建筑及传统技艺）；非物质形态文化遗产，具备较高的保护价值

---

①　中国政府网：《2023年传统村落集中连片保护利用示范名单"出炉"》，https：//www.gov.cn/lianbo/2023-04/27/content_5753511.htm。

续表

项目类别	文物建筑（文物保护单位）	历史建筑	历史文化名村	传统村落
审批单位	国家文物局	地方政府	住房和城乡建设部、国家文物局	住房和城乡建设部、国家文物局
主管单位	国家文物局	各地规划/建设主管部门	以住房和城乡建设部为主	以住房和城乡建设部为主
法规依据	《中华人民共和国文物保护法》	地方性法制规章	《中华人民共和国文物保护法》《历史文化名城名镇名村保护条例》	《传统村落评价认定指标体系（试行）》
保护要求	静态封存、保护修复	保护已认定建筑部位/内容，其他部位可改可拆	核心区禁止建设，保护范围内控制建设	依照规划控制/限制建设；活态保护与传承

值得提及的是，自 2012 年国家四部局启动传统村落认定工作，此后每年中央关于"三农"问题的一号文件均增加了有关传统村落保护的内容，开启传统村落与"三农"政策理论互融互促发展新格局（见图 2-1）。2013 年中央一号文件指出，"制定专门规划，启动专项工程，加大力度保护有历史文化价值和民族、地域元素的传统村落和民居""努力建设美丽乡村"。2014 年中央一号文件则表述为："制定传统村落保护发展规划，抓紧把有历史文化等价值的传统村落和民居列入保护名录，切实加大投入和保护力度。"2015 年中央一号文件进一步提出，"扶持建设一批具有历史、地域、民族特点的特色景观旅游村镇，打造形式多样、特色鲜明的乡村旅游休闲产品""完善传统村落名录和开展传统民居调查，落实传统村落和民居保护规划""以乡情乡愁为纽带吸引和凝聚各方人士支持家乡建设，传承乡村文明"。2016 年中央一号文件更加系统全面地涉及此内容，提出大力发展休闲农业和乡村旅游。"加强乡村生态环境和文化遗存

保护，发展具有历史记忆、地域特点、民族风情的特色小镇，建设一村一品、一村一景、一村一韵的魅力村庄……实施休闲农业和乡村旅游提升工程、振兴中国传统手工艺计划。开展农业文化遗产普查与保护""加大传统村落、民居和历史文化名村名镇保护力度。开展生态文明示范村镇建设，鼓励各地因地制宜探索各具特色的美丽宜居乡村建设模式"。

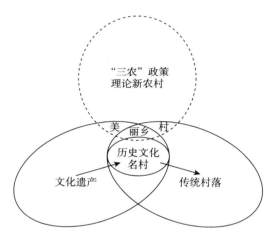

图 2-1 "三农"政策理论与乡村文化遗产保护政策融合关系

这一时期，中央将"三农"工作提到了新高度，国家层面开始建立乡村文化遗产的法律保障体系，并实施量大面广的保护措施，传统村落由此从长期的困惑、无序与乱象中脱离，乡村文化遗产的文化价值、社会价值和精神价值得到了极大重视。与此同时，借助美丽乡村建设，传统村落与"三农"理论体系找到了契合点：在物质层面，从村容村貌、基础设施提升到村落人文景观综合保护；在精神层面，从单纯提高村民收入到挖掘地方特色乡土文脉，找回失落乡愁。由此，传统村落与"三农"开启了互融共促的发展新格局。

（三）保护与利用并重：乡村振兴战略推动传统村落活态发展（2017 年至今）

党的十九大报告提出实施乡村振兴战略，强调坚持优先发展农业农村，确立五项目标任务（即产业兴旺、生态宜居、乡风文明、治理有效、生活富裕），加速乡村持续健康发展和农业农村现代化进程。乡村振兴战略的提出与新时代发展方向高度契合，为传统村落发展重塑了新型城乡关系，提振了村落文化建设信心，提供了自治、法治、德治"三治合一"的治理新思维，推动了村落产业多功能、多业态融合发展，全面激发了传统村落发展活力。

一是构建了城乡一体化的新型城乡关系。传统村落保护的最终目标是既要把古建筑保住，也要把村民留住，见人见物见生活。在实施以人为核心的新型城镇化战略中，大批农民会迁移至城市成为新市民；同时，越来越多的城市人向往田园生活，渴望成为新村民，宁静恬淡、祥和朴实的传统村落正是他们理想的归宿。可以预见，传统村落新村民与新市民之间的流动，是未来城乡融合发展的大趋势，这也是传统村落自发的、有机更新的过程。

二是提振了村落文化建设信心。传统村落文化是中华民族的"根文化"，是传统文化生发的根基所在和基本构成。与"千城一面"的城市相比，每个传统村落都有自己的历史传统、文化积淀，传承着珍贵的物质文化与非物质文化遗产，有较高的历史文化、经济社会价值。振兴乡村文化将激活乡村发展活力，让传统村落文化得以在现代文明体系中复兴重建，唤醒农民的文化自觉，满足广大农民个性化、多样化的文化需求，重建村落文化精神。

三是提供了自治、法治、德治"三治合一"的治理新思维。长期以来，乡村治理体系是国家治理体系与治理能力现代化建设中的短板。构建自治、法治、德治相结合的乡村治理体系，是将社会治理重心向农村基层下移，通过"自治"行使民主权利，通过"法治"规范乡村治理，通过"德治"塑造乡村治理新秩序，营造文明乡风。因此，"三治合一"治理新思维符合新时代传统村落的发展实际，有利于激发村民的主动性与积极性，形成乡村治理强劲的向心力和凝聚力，为传统村落的持续健康发展奠定坚实基础。

四是推动了村落产业多功能、多业态融合发展。全面发展村落产业，应挖掘农业的多功能性，充分发挥农业的生产、生活、生态功能，推进农旅结合、三次产业融合发展。据本书调查，当前古民居活化利用的类型以商业旅游服务（近四成）为主，其次为传统文化展演（近1/4）。如图2-2所示，目前古民居用于传统文化展演（如传统文化教育基地、民俗展览馆、博物馆、陈列馆、文化演示馆）的占24.24%，用于村落公共服务（如村民委员会、农家书屋、青少年活动室、老年活动室）的占18.18%，用于商业旅游服务（如农家乐餐馆、商铺、民俗客栈、乡村酒吧、影剧院、文化会所）的占39.39%，用于办公（如民俗手作设计坊、艺术家之屋、影视拍摄基地）的占3.03%，被认养（如维持原使用功能、根据旅游定位确定改造类型）的占9.09%，另有6.06%的文物建筑用作他途。

在以上已采取活化利用措施的古民居中，其组织形式虽多种多样，但以乡镇政府主导、村委会协调为主（近四成），其次为政府文旅部门主导和产权人自主改造。如图2-3所示，古民居活化利用的组织形式是由政府文旅部门主导的占18.75%，由乡镇政府主导、村委会协调的占37.50%，由产权人自主改造的占18.75%，由企业等

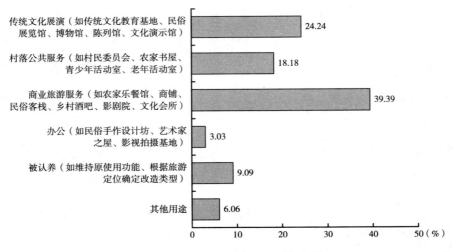

图2-2 古民居活化利用的类型

外部组织主导的占9.38%（占比最小，说明市场化程度低），由政府引导、社会参与的占15.63%。

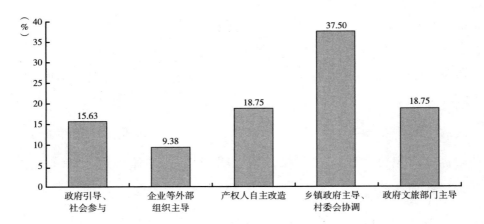

图2-3 古民居活化利用的组织形式

五是引起了更多产权人的关注和重视。乡村振兴，人是关键，产权人对古民居的关注与重视至关重要。当前，古民居的活化利用受到过半数产权人的中度或高度关注。调查发现，超过一半（56.19%）的产权人表示关注传统村落古民居的活化利用问题。其中，表示非常关注者占26.19%，表示比较关注者占30.00%（占比最大）。另外表示一般关注者占24.29%，表示不太关注者占13.33%，表示极少关注者占6.19%（见图2-4）。

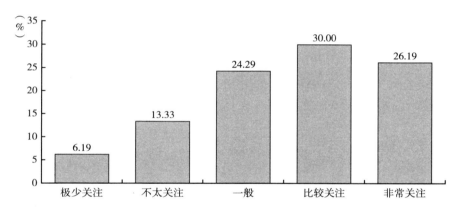

图2-4　产权人对古民居活化利用的关注度

此外，活化利用古民居作为一项社会事业已引起多数产权人的重视。在所有产权人中，认为活化利用古民居非常重要者占46.67%，认为比较重要者占29.05%，这两类合计占比高达75.72%；认为一般者占20.95%；认为不重要（包括极不重要和不太重要）者仅占3.33%（见图2-5）。

乡村振兴战略提出之后，2017年中央一号文件持续强化"支持传统村落保护，维护少数民族特色村寨整体风貌，有条件的地区实行连片保护和适度开发""支持重要农业文化遗产保护"。2018年中央一号文件再次强调要"传承发展提升农村优秀传统文化……划定乡村建设的历史文化保护线，保护好文物古迹、传统村

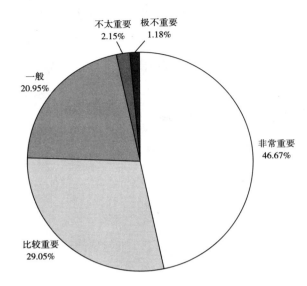

图 2-5 产权人对古民居活化利用重要性的认知

落、民族村寨、传统建筑、农业遗迹、灌溉工程遗产"。2020 年 12 月，习近平总书记在中央农村工作会议上指出："脱贫攻坚取得胜利后，要全面推进乡村振兴，这是'三农'工作重心的历史性转移"（中共中央党史和文献研究院，2022）。之后，2021 年中央一号文件以《全面推进乡村振兴加快农业农村现代化》为主题，指出"加强村庄风貌引导，保护传统村落、传统民居和历史文化名村名镇""深入挖掘、继承创新优秀传统乡土文化，把保护传承和开发利用结合起来"。2022 年中央一号文件在提到传统村落保护时表述道："开展传统村落集中连片保护利用示范，健全传统村落监测评估、警示退出、撤并事前审查等机制。保护特色民族村寨。实施'拯救老屋行动'。"可以看出，当前我国乡村文化遗产保护正处在一个前所未有的机遇期，党和政府的重视达到了前所未有的高度，各级政府也相应出台了一系列保护条例和文件（见附录一），传统村落保护发展在开放的大格局中与新型城镇化、农业农村现代化齐头并进。

二　现行宅基地制度下传统村落古民居的保护利用困境

古民居是文化遗产传承的重要组成部分。我国对文物资源实行分级制度，根据文物价值高低区分不同等级，古民居分为全国重点文物保护单位，省、市、县级文物保护单位和未定级古民居等多个等级。其中，市保、县保或未定级的低等级古民居数量巨大，承载的历史文化信息也极为丰富，其保护利用往往受到更多关注，也更容易普惠于民。然而，近年来，虽然政府加强重视，投入力度持续加大，但大量级别较低的古民居保护利用状况仍然堪忧。特别是古民居的产权属性除了少量收归国有、部分祠堂归属集体外，大部分属于农民个人所有。有调查显示，在前三批公布的2555个中国传统村落中，有6600余处古民居，而其中有2/3没有得到有效保护，且绝大多数为私人产权的民居建筑（赵亮，2016）。

传统村落中的古民居除却少量收归集体所有之外，大部分是农民个人的住房，适用于农村宅基地和住房制度。由于宅基地对保障农民居住、农村稳定和国家安定具有重要意义，法律对宅基地的流转、使用及农民对地上房屋相关权利的行使等做出了严格限制，古民居的流转交易与权益落实也受到明显牵制，从而阻碍了古民居的活化利用。

（一）古民居"插花式"闲置衰败加大统一利用难度

在城镇化发展的大背景下，处于偏远地区的传统村落空心化问题十分严重。由于农村的生活环境、工作机会和公共服务等与城市存在较大差距，大量农村人口离开原来相守的村落，进入城镇就业、生活、定居，造成宅基地和农房长期闲置甚至废弃。尤其是对于古民居而言，大多年代久远，早已无法满足现代生活需要，再加上受制于修缮门槛过高，古民居空废化现象比一般农村住房更为严重。本书调查发现，超七成的古民居未采取任何活化利用措施。其中，仅26.16%的受访产权人家庭对古民居采取了活化利用措施，而另外高达73.84%的产权人家庭并未采取相应措施。这意味着大量古民居处于闲置、空耗（在"沉睡"中渐损）或过度保护状态，未来活化利用任务艰巨。与之相应地，超过一半的受访产权人认为古民居活化利用程度低。从图2-6可知，认为古民居活化利用程度低（包括非常低和比较低两类）的受访产权人占比达53.59%，认为一般的占28.71%，认为比较高、非常高的占比分别只有13.40%、4.31%。这说明古民居的活化利用工作虽已有一定进展，但其利用程度离大多数产权人的心理预期尚有较大差距。另外，从受访村干部掌握的情况来看，村级古民居的活化利用率不足20.00%，即平均每个村古民居活化利用率为18.16%，这个数字与产权人反映的情况（16.16%）比较接近。

更需要注意的是，在传统村落中，古民居连片闲置的现象有之，但并非主流，闲置下来的要么位置偏僻、交通不便；要么位于村庄内部，被别的农房"围困"。古民居的"插花式"闲置既加大了重新利用的难度，也降低了对社会资本的吸引力。长期空置、无人使

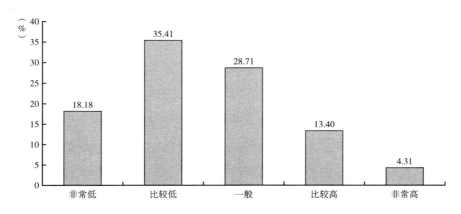

图 2-6　产权人对古民居活化利用程度的认知

用使得文物建筑缺少有效的日常维护，一旦出现虫蚁、霉变和屋面渗漏等隐患，就会加快建筑的破损败落，造成文物价值的损失。

　　从闲置时间长短来看，古民居闲置主要包括三种情形。一是农民举家迁移进城或到异地居住造成古民居仍可使用但长期闲置或古民居因常年无人居住、年久失修而失去居住功能常年闲置；二是产权人死亡后，无人继承使用造成古民居长期闲置；三是农民季节性进城就业生活，在农忙或春节期间仍要返乡居住，造成古民居在农民外出务工期间处于闲置状态。其中，前两种情形可归类为常年（长期）闲置古民居，第 3 种情形为季节性（短期）闲置古民居。目前，大量古民居在粗放式居住（重居住轻维护）、半居住（时间上季节性闲置或空间上房间部分闲置、部分居住）及常年闲置中遭受人为或自然损毁。

（二）流转交易受限古民居沦为僵化的“死资产”

　　在现行宅基地制度下，产权人对古民居财产权益的实现依然比较困难。在现行制度框架下，宅基地是国家对农民的一项社会保障福利，主要担负着农民的居住保障功能，农民不能随意将宅基地和房屋进行流转交易并获利，因而产权流通市场一直将乡土建筑遗产挡在市场大门之外，古民居的经济与文化价值无法真实体现。随着城乡资源要素互动频繁，古民居的流转交易需求日益强烈，如返乡、下乡创业人员，旅游开发公司等社会力量对于古民居开发经营的需求；城市居民回乡定居养老的需求；农村居民自由交易古民居，换取资金到城市购房的需求；等等。这些需求均难以在既定宅基地制度下实现。将宅基地使用权与古民居流转交易的对象与范围限制在集体经济组织内部，使得住房的收益微乎其微，远低于农民对住房财产价值的预期。事实上，大部分古民居处于"僵化"状态，没有得到有效利用，很大程度上归咎于古民居的价值无法真实体现。

（三）古民居缺乏合理规划而陷入无序、低效开发困局

长期以来，农村宅基地管理不力和村庄规划滞后的矛盾相互交织，农民住房建设散乱无序的现象十分突出。宅基地未批先建、批少建多、建新不拆旧使得居民点用地无序扩张，尤其是对于历史悠久的传统村落而言，累积而成的村落布局混乱、传统风貌消退问题更为严重。一些村落呈现杂乱无章的景象，新建的民居外观造型毫无美感，还被涂上各色颜料。有的村落房屋建得整齐划一，整个村落丧失了原有民族文化特色的古朴、自然、和谐之美。在从传统村落向现代生活迈进的过程中，传统村落的基础设施建设也存在很多缺陷，难以适应现代生产生活的需要，村庄水、电、路等公共基础设施的管理维护不规范，部分传统村落村民的公共环境意识不强、村庄环境卫生差，村落人居环境不容乐观。

（四）古民居产权关系复杂难以达成利用共识

依据产权经济学，归属清晰、权责明确且保护严格的产权不仅可以改善存量资源的配置效率，还能实现自由平等交易，为交易主体带来更高的收入。然而，中国农村社会讲求"诸子均分"的财产继承制，随着代际延续，祖宅和宅基地产权呈现权属不清或产权细碎化问题，严重掣肘民居建筑的保护利用。本书调查发现，有34.45%的受访产权人拥有完整的民居产权，高达65.55%的受访产权人与他人共同享有产权。从每栋古民居的产权户数看，平均为3.48户，其中最多为14户，最少为2户。实践表明，产权关系越复杂、分割户数越多意味着利益分配格局越难以平衡，民居建筑开发利用难度也会加大。不同产权人在经济条件、受教育程度、维护意识等方面存在差异，彼此因利益诉求不一而扯皮推诿，无法达成修缮利用共识，古民居被迫失修、荒废。

独立产权人家庭占有的古民居房间数多、总面积小，而共有产权人家庭占有的古民居房间数少、总面积大。通过对本书调查数据进行统计分析发现，平均每户在古民居中占有4.03间房、建筑面积约133.08平方米。其中，拥有完整产权的家庭平均占有4.44间房、建筑面积约124.03平方米，与他人共有产权的家庭平均占有3.77间房、建筑面积约138.84平方米。

三　传统村落古民居保护利用困境的宅基地制度症结

据本书调查，现行宅基地政策的限制性规定是阻碍古民居活化利用的第二大因素。如图2-7所示，在可能阻碍古民居活化利用的因素当中，19.04%的受访产权人选择现行宅基地政策的限制性规定，21.89%的受访产权人选择政府重视程度和政策支持不够（第一大因素），14.23%的受访产权人选择"修旧如旧"费用高且资金匮乏（第四大因素），9.79%的受访产权人选择配套政策缺失或贯彻执行不到位（第五大因素），14.95%的受访产权人选择村民活化利用意识、能力欠缺（第三大因素），4.27%的受访产权人选择市场需求冷淡，3.20%的受访产权人选择地理环境封闭偏僻、交通不便，5.69%的受访产权人选择政策法规宣传与指导存在问题，6.05%的受访产权人选择社会资金进入受限，余下0.89%的受访产权人选择其他阻碍因素。

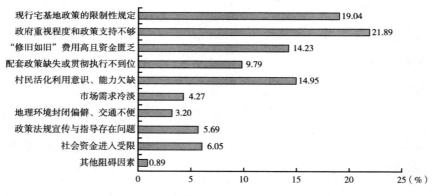

图2-7 可能阻碍古民居活化利用的因素

在现行宅基地政策基础上形成的农村住房制度，是以保障福利属性和满足农民住房需求为目的的传统模式。随着经济社会发展，城乡要素双向流动趋势日益显现，在城乡二元住房制度下产生的农村建设用地利用低效、农民住房财产性权益微弱等弊端逐渐凸显，宅基地制度历史定位的局限性，已经难以适应新时期古民居开放利用的发展需求。

（一）　宅基地无限期持有制度导致古民居陷入"资源垄断"困局

农村宅基地初始分配实行"集体成员无偿取得、无限期使用"的申请取得制度，这决定了宅基地使用权人具有严格的身份限定，其主要依靠本集体经济组织成员资格而原始取得并可长期使用，这与《中华人民共和国民法典》规定的用益物权有期限性相矛盾。不仅如此，宅基地使用权还被赋予了无偿继承的特征，可在家族内无限延承。这就导致宅基地演变成个人固化的权利和财产，越早加入村集体经济组织的成员拥有越多分配宅基地的机会，出现宅基地锁死在"原住民"家族内部的"资源垄断"局面，不利于宅基地合理配置，降低了古民居利用效率。

（二）　宅基地用途管制阻碍古民居多样化开发利用

虽然宅基地使用权被界定为一项用益物权，但《中华人民共和国民法典》将宅基地用途限定为"建造住宅及其附属设施"。[①] 然而，随着农家乐、民宿、电商、仓储等乡村新产业蓬勃兴起，大量宅基地和住房自行由居住功能转向经营性或复合性用途，甚至部分宅基地和住房已完全用于经营活动而不再用于居住使用。根据农业农村部统计数据，2020 年全国返乡、入乡创业创新人员累计达 1010 万人，在返乡、入乡创业项目中，85.00%以上属于三次产业融合类型，涵盖产加销服、农文旅教等领域。[②] 鉴于刚性的宅基地用途管制

[①] 按《中华人民共和国民法典》规定，宅基地转让等行为实属违法，但宅改试点地区突破了该规定。

[②] 中国政府网：《去年返乡入乡创业创新人员超千万》，http://www.gov.cn/xinwen/2021-03/25/content_5595514.htm。

无法有效契合现实需要，2021 年 1 月，自然资源部等三部门联合印发《关于保障和规范农村一二三产业融合发展用地的通知》，在符合国土空间规划的前提下，鼓励对依法登记的宅基地等农村建设用地进行复合利用。尽管这一规定的出台为宅基地用途拓展提供了政策依据，但是立法层面并没有对此予以确认，使得在实践中仍然受制于一些政策法规对宅基地（住房）经营性使用的歧视性规定，阻碍了各类市场主体对古民居多元化用途的合理开发。

（三）宅基地转让范围受限制约古民居财产价值充分释放

"成员使用、内部流转"构成了宅基地使用权流转制度的核心特征，将转让范围局限在狭小的本集体经济组织内部，窒碍了宅基地和古民居财产功能的全部释放，其能够兑现的财产价值大打折扣。历史文化遗产保护强调的是"保护"，而不是"保存"，既要注重其存在价值，更要激发其利用价值。尽管古民居可以通过出租方式为社会主体提供利用机会，但租赁期限不超过 20 年的规定使得出租方式并不能完全满足工商资本投资回报周期、返乡市民养老定居等需求，这无非会导致两种后果。其一，宅基地转让限制在集体内部，使得古民居缺乏市场流通性，成为难以流动的"死资产"。其二，合法的交易机会被剥夺，使得以长期租赁名义变相买卖、私下向城市居民或社会组织和企业转让古民居等法外现象有了存在机会。宅基地处分权能在法律上的受限与在现实中的扩张已然形成难以调和的矛盾，连带造成古民居的流转困境。

（四）宅基地收回制度缺乏可操作性致使年久失修的古民居无法收归集体利用

原国家土地管理局 1995 年印发的《确定土地所有权和使用权的

若干规定》第 52 条规定了"空闲或房屋坍塌、拆除两年以上未恢复使用的宅基地，不确定土地使用权。已经确定使用权的，由集体报经县级人民政府批准，注销其土地登记，土地由集体收回"的宅基地使用权强制收回制度。但是对于农户依法取得却多年闲置的房屋，没有规定明确的收回制度，导致村集体经济组织对毁损严重、濒临倒塌的古民居无法落实宅基地收回政策。本书调查发现，传统村落中呈现"插花式"分布的闲置古民居，大多是因常年无人维护却又无法收归村集体经济组织而深陷日渐毁损的处境。

（五）宅基地退出通道不畅导致古民居"用不了、退不出"

宅基地有偿退出机制缺失是宅基地和农房闲置、利用率低等问题难以化解的根本原因。在进城人口规模不断扩大、宅基地和古民居常年闲置加剧的形势下，为有条件、有需求的产权人提供顺畅的宅基地和古民居退出通道，引导他们自愿有偿退出，无疑是促进宅基地节约集约利用、缓解农村人地关系紧张的可行之举。不仅如此，居住在古民居中的产权人多为低收入、弱势群体，在"一户一宅"原则下，老宅是他们唯一的住房，但他们也有搬离腾退古民居换取新住宅、改善居住状况的强烈需求。本书的调查显示，宅基地有偿退出是最受受访产权人和村干部欢迎的盘活途径，究其原因在于，对于村干部而言，有偿退出实现了"房"与"地"产权的永久转移，村集体经济组织成为房地统一的所有权主体，对古民居的管理利用拥有更大自主权，便于灵活采取自主开发、出租入股、合作经营或委托经营等多种形式；对于产权人而言，希望通过退出旧的宅基地及古民居换取不同形式的补偿，用于改善住房条件或经济状况。但是，由于宅基地和古民居有偿退出机制尚未健全，如退出条件、补偿标准、安置措施等内容设计不尽合理，古民居陷入"修不起、用不了、退不出"的窘境。

（六）实用性村庄规划长期缺位造成古民居同质化、无序开发

农户住房布局不合理是全国农村普遍存在的现象，这一现象产生的原因有农村土地执法不严和执法过程中以罚代管等，但其中最重要的原因在于长期以来缺乏科学合理的村庄规划。实用性村庄规划是保护村落特色资源、指导村落可持续发展的重要依据。新时代的村庄规划强调全域全要素的空间管控，以"多规合一"为手段，实现村域"一张图"信息化管理，在充分考虑村民发展诉求的前提下，立足村落特色资源，深入挖掘历史文化，加强村落风貌管控，引导农村产业融合发展和新型城镇化建设有机结合。然而，我国长期以来重城镇轻乡村，不少地区村庄规划质量较低甚至根本没有村庄规划。在调查的传统村落中，仅有6个村落编制了"多规合一"的实用性村庄规划，其余70%的村落囿于专项资金短缺尚未编制规划。传统村落景观具有敏感性与脆弱性，由于缺乏实用性保护发展规划的指引和约束，一些村落在人居环境改善和整体风貌提升时片面追求效率、忽视文化内涵，对古民居的改造利用过度商业化、同质化，村落原真性的布局肌理、特色风貌遭到破坏，传统文化价值随之泯灭。

（七）"房地一体"宅基地确权进程迟缓掣肘古民居活化利用

事实上，开展"房地一体"宅基地确权是推动化解此类问题的关键一招。宅基地确权具有产权保障效应，通过法律形式落实宅基

地的用益物权，有利于保障农民对宅基地及地上房屋的占有、使用、收益、流转等排他性权能，从而有效解决房地权属纠纷。我国早在2010 年的中央一号文件中就提出对宅基地开展确权登记颁证工作，但各地确权之路并不顺畅，主要障碍来自基础地籍资料不全、法律依据矛盾冲突、工作机制不健全、农民认知局限等，加大了宅基地确权难度并迟滞了进程。这些历史遗留的房地权属争议能否妥善解决，直接影响古民居能否有效利用。

由此可见，依托现行宅基地制度安排的古民居保护利用机制，因宅基地取得、流转、收回、退出、规划管理等方面存在的诸多矛盾与障碍而一并受到制约，开放、有序、高效地利用古民居对宅基地制度变革提出了迫切要求。

第三章

农村宅基地制度形成脉络、
改革缘起与探索总结

　　农村土地制度改革一直处于农村改革的核心地位，是实施乡村振兴战略的关键解锁点。宅基地制度是农村土地制度安排中较特殊、利益影响较大的一项制度，其制度创新对于保障乡村产业用地促进产业兴旺、改善农村生态环境促进生态宜居、赋予农民土地财产权益促进农民增收，具有重要的激活作用与溢出效应。

　　农村宅基地制度形成于计划经济背景下的农村土地集体化运动时期，定型于市场经济背景下的改革开放时期。长期以来，农村宅基地制度在所有权与使用权分离的状态下，采取了保留排他性而限制可让渡性的管制措施，确保了集体所有制下土地使用权的福利性和相对稳定性。然而，随着国家整体发展战略、经济结构以及城乡关系的转变，农村宅基地的功能序位发生了重要变化，突出表现在政治稳定功能保持不变、社会保障功能渐趋削弱，而经济财产功能日益凸显，宅基地制度变迁已严重滞后于功能变迁。特别是在快速城镇化过程中，现行宅基地制度由于流转障碍凸显、财产权利显化困难和规划管理措施缺位等，造成了"一户多宅"、大量闲置、违法违建、粗放无序与隐性流转等现象，势必要求国家在顶层制度设计、法律政策上做出相应调整。党的十八大以来，宅基地制度改革的进程加快，这对于全面保障乡村振兴战略的用地需求具有重要意义。

一　宅基地制度形成脉络回顾

新中国成立以来，随着农村经济社会的变化，宅基地制度的复杂性、滞后性也逐渐暴露。土地改革时期，国家明确提出保护农民宅基地在内的私有财产，1950 年 6 月颁布的《中华人民共和国土地改革法》强调了农民对土地拥有所有权。1952 年底，土地改革完成之后，农民获得了"土地房产所有证"。这一时期，全国绝大多数地区的农户通过土地改革取得了完整的土地所有权，并拿到了"土地房产所有证"。由此，新中国成立后农村宅基地制度发生第一次重大变革，由封建地主私有制转变为农民土地私有制，宅基地及其地上房屋是农民私产，受国家法律保护，均可自由处置。

自 1953 年开始，中国进入社会主义改造时期。在合作化初期，农民虽名义上拥有土地的所有权，但实际上由合作社进行统一规划与管理，按照平均原则进行分配，农民的土地所有权基本上名存实亡。1954 年发布的《中华人民共和国宪法》规定，国家依照法律保护农民的土地所有权和房屋所有权，私有财产的继承权同样受到国家法律保护。1956 年 6 月发布的《高级农业生产合作社示范章程》规定："社员原有的坟地和房屋地基不必入社。" 1956 年底，农业社会主义改造基本完成，包括耕地在内的所有生产资料转为集体所有，但宅基地和房屋仍为农民私有。这一时期农民宅基地所有制的特点是，宅基地所有权和使用权"两权合一"，均归农民所有，土地和房屋均可自由买卖、出租、继承等，享有绝对的流转自由和完整的处分权，农民成为最大的获利群体。其设计基于农民拥护和农村稳定的政治考量，遵循保障农民居住权的理念，平均分配、无偿取得，体现了政治因素在宅基地制度变迁中的主导作用。

随着人民政权的巩固，建立国家工业体系和实现工业化成为新阶段的战略目标。受限于国内外宏观环境，内生式的工业化路径成为必然选择，农业和农村的财富通过工农产品"剪刀差"逐渐向工业和城镇转移，为优先发展城镇重工业积累原始资本。工农关系、城乡关系在国家战略层面走向二元化。但分散化的小农经济、落后的农业生产技术、有限的农村生产条件等极大地限制了农业生产效率。为提高农村生产力，在全国范围内推行社会主义改造和农业合作化运动，将私有的农村土地、生产工具等农业生产资料转变为集体所有。农村宅基地是农民重要的生活资料，限制宅基地流转对于稳定农村社会和农业人口至关重要。1962 年，党的八届十中全会通过的《农村人民公社工作条例（修正草案）》规定，社员的房屋归私人所有，社员可以买卖或租赁房屋，但"社员的宅基地属于集体所有，一律不准出租和买卖"。这一规定明确了农民房屋私有和宅基地集体所有的关系，宅基地不再属于农民私有，不得随意处置，而房屋仍然是农民私有，农民可以进行自由处置。1978 年通过的《农村人民公社工作条例（试行草案）》正式规定了不准出租和买卖宅基地，农民合法所有的房屋属于私有，任何人不得侵犯。1982 年，国务院颁布的《村镇建房用地管理条例》再次强调，宅基地使用权可以随同房屋买卖而一并转移，但农民出卖、出租房屋后，不得再申请宅基地。

至此，我国农村宅基地制度框架基本确立。一是"一宅两制"。宅基地所有权与使用权实行"两权分离"，宅基地所有权归生产队集体所有，禁止出租或买卖。农户拥有无偿使用宅基地的权利，并受法律保护。二是房地分离，"地随房走"。宅基地与房屋的权利相分离，农户对房屋具有排他性所有权，可以买卖、租赁、抵押，并连带实现宅基地使用权转移。三是无偿取得、长期使用。农民根据需要申请无偿取得、无期限使用宅基地，宅基地成为保障农民居住功能的社会福利。其后，国家通过一系列配套政策（如户籍制度）来巩固宅基地制度框架，只是在不同时期宅基地使用权和农房流转的限制程度不同。

第一，社员享有宅基地使用权，农房自由流转（1962～1981年）。在农业合作化运动中，社员享有宅基地使用权且长期不变，社员农房可以自由流转，农房的交易对象不设限制，农民和城镇居民都可购买农房。按照"地随房走"原则，城镇居民可通过农房交易间接享有宅基地使用权。这一时期宅基地主要承担着居住保障功能，农房买卖并不多见，并且城镇居民享有的福利制度仍是农民十分向往的，没有出现大量城镇居民返乡购买农村宅基地的情况。第二，宅基地使用权原始取得和农房流转先松后紧（1982～1999年）。改革开放后，我国率先在农村进行了经营制度和市场化改革，宅基地制度也进行了相应调整。1982年国务院发布的《村镇建房用地管理条例》规定，回乡落户的离休、退休、退职职工和军人，回乡定居的华侨，集镇内非农业户等，均可按照程序申请取得宅基地。1986年《中华人民共和国土地管理法》颁布实施，规定农村村民一户只能拥有一处宅基地，每户使用宅基地面积不得超过省（区、市）规定的标准，"城镇非农业户口居民建住宅，需要使用集体所有的土地的，必须经县级人民政府批准"。这是国家首次从法律上明确城镇居民可以合法申请集体土地盖房。从社员到特定人群再到城镇非农业户，宅基地使用权的原始取得主体逐步放宽。但自20世纪90年代以来，农村经济社会得到长足发展，越来越多的农户家庭出于改善住房条件的需要，开始扩建、改建或新建住房，宅基地管理一度失控，出现了大量乱占耕地建房等问题，导致村庄建设用地布局较为混乱，不利于耕地保护。为规制超标占用宅基地等行为，加强耕地保护，国家开始收紧非农业人口取得宅基地使用权。1998年修订的《中华人民共和国土地管理法》将申请宅基地的主体限定为"农村村民"，取缔了城镇非农业户口居民取得宅基地使用权的途径。1999年，国务院办公厅发布《关于加强土地转让管理严禁炒卖土地的通知》，其中规定"农民的住宅不得向城市居民出售，也不得批准城市居民占用农民集体土地建住宅"，堵死了城市居民通过"地随房走"间接获得宅基地使用权的通道。第三，宅基地使用权和农房流转严格限制（2000年至今）。分税制改革后，国有土地使用权出让成为地方政府财税收入的重要来源，城乡二元的土地权利体系为政府垄断土地一级市场奠定了基础，但结果是农村土地权益受到限制，农村和农民无法享受城镇化带来的土地增值红利。2004年10月，国务院出台《关于深化改革严格土地管理的决定》，明确要求"禁止城镇居民在农村购置宅基地"。2007年，国务院发布的《关于严格执行有关农村集体建设用地法律和政策的通知》规定，"城镇居民不得到农村购买宅基地、农民住宅或'小产权房'"。2008年7月，国土资源部发布的《关于进一步加快宅基地使用权登记发证工作通知》要求，严格落实"一户一宅"规则，严格执行城镇居民不得在农村购买和违法建造住宅，依法保护农民的合法权益。2011 年《最高人民法院关于印发〈全国民事审判工作会议纪要〉的通知》明确指出："将宅基地上建造的房屋出卖给本集体经济组织成员以外的人的合同，不具有法律效力。"这一过程确定了农村宅基地使用权的原始取得被限定为农村集体经济组织成员，农房的流转范围也从自由流转缩小至非城镇居民最后限定为本村村民，农民享有的宅基地权益也受到较大限制。

综上所述，宅基地制度经历了先松后紧的过程，国家对宅基地及农房的产权与权能的约束逐渐加强。随着城镇化和工业化的推进，面向乡村振兴与农业农村现代化的战略目标，完善宅基地制度供给体系，让农民获得更加充分的财产权益，应成为宅基地制度进一步改革的目标和方向。

二　宅基地制度改革的生成逻辑与政策缘起

（一）宅基地制度改革的理论逻辑

回顾宅基地制度的演变历程，初始的制度设计是宅基地用来保障农民的基本居住需求，以实现社会稳定的政治战略目标。因此，保障属性一直处在宅基地使用权（"两权分离"阶段）权利属性的主导地位，具体到农民身上则表现为福利属性。无论是宏观维度的保障属性，还是微观维度的福利属性，宅基地身份权利才是公益属性的实现基础，也正是这种身份性使得宅基地具有了政治目标上的保障性和权利功能上的福利性。但随着城镇化和市场化体制改革的加速，宅基地的财产价值逐渐显化与提升，农村和农民分享土地资产增值收益的愿望与宅基地管理制度之间的矛盾开始显现。因此，宅基地天然具有公共资源和个人资产的双重属性，分别承担着社会保障和经济效用的功能。从国家层面看，宅基地是一种优先保障社会大众基本生活需求的社会性资源，蕴含着保障生存的社会公平价值理念。从农民视角看，宅基地不仅是保障其居住与生计的物质基础，也是其重要的财产，具有财产功能的资源只有通过交易与流转才能实现优化配置，其中蕴含着追求效率的价值理念。社会性资源是国家"公益"属性的表达，经济性资产则是农民"私益"维度的体现，二者的价值取向和基本规则是相互对立的，却并存于宅基地制度之中。我国正处于经济体制转轨、发展思路转变、城乡发展转型的历史时期，必须认识到宅基地制度从身份制转向契约制、从封闭式转向开放式是大势所趋，但也要考虑农村社会保障不健全的实际，统筹好宅基地制度设计中的保障功能和财产功能的协调问题。据此看，宅基地制度变迁实质上是在不同阶段的制度设计中对两种价值进行权衡与取舍的结果，也是当前宅基地利用问题的根源所在。

（二）宅基地制度改革的政策背景

党的十八大以后，国家加快了农村土地制度改革的步伐，出台了专门的政策文件指导"三块地"改革，而宅基地制度改革是其中的一项重要内容。2013年11月，党的十八届三中全会提出要"建立城乡统一的建设用地市场""保障农户宅基地用益物权，改革完善农村宅基地制度"。至此，农村宅基地制度改革拉开帷幕。此后的首轮宅基地制度试点改革经历了"单项批复—范围拓展—期限延长"的过程，这既是对改革方法论不断深化认识的过程，也是改革任务不断突破的过程。2014年12月，中央全面深化改革领导小组和中央政治局常委会审议通过《关于农村土地征收、集体经营性建设用地入市、宅基地制度改革试点工作的意见》（以下简称《意见》），该意见于 2015 年 1 月正式下发，农村"三块地"改革由此正式启动。《意见》要求选择若干县或县级市分别就农村土地征收、集体经营性建设用地入市和宅基地制度改革三项任务开展试点。同年 2 月，《关于授权国务院在北京市大兴区等三十三个试点县（市、区）行政区域暂时调整实施有关法律规定的决定》审议通过，全国 33 个县（市、区）被依法授权开展三项试点改革，授权期限截至 2017 年 12 月 31 日，其中宅基地制度改革试点单位有 15 个。

2017 年 2 月，中共中央、国务院发布《关于深入推进农业供给侧结构性改革加快培育农业农村发展新动能的若干意见》，明确了要"统筹协调推进农村土地征收、集体经营性建设用地入市、宅基地制度改革试点"，将原有的 3 个土地征收制度改革试点、15 个集体经营性建设用地入市制度改革试点和 15 个宅基地制度改革试点融合扩大为整体统筹推进。由此，宅基地制度改革试点拓展到全部 33 个试点县（市、区）（见表 3-1）。为提高农村土地制度三项改革试点的整体性、系统性、协同性，2017 年 11 月，全国人大常委会审议通过《关于延长授权国务院在北京市大兴区等三十三个试点县（市、区）行政区域暂时调整实施有关法律规定期限的决定》，将试点期限延长至 2018 年 12 月 31 日。为了做好改革试点与《中华人民共和国土地管理法》修订工作的衔接，2018 年 12 月，全国人大常委会通过《关于再次延长授权国务院在北京市大兴区等三十三个试点县（市、区）行政区域暂时调整实施有关法律规定期限的决定（草案）》，决定将授权期限再延长一年至 2019 年 12 月 31 日。

表 3-1　全国 33 个农村"三块地"改革试点县（市、区）名单

编号	试点县（市、区）	编号	试点县（市、区）
1	北京市大兴区	18	湖北省宜城市
2	天津市蓟县	19	湖南省浏阳市
3	河北省定州市	20	广东省佛山市南海区
4	山西省泽州市	21	广西壮族自治区北流市
5	内蒙古自治区和林格尔县	22	海南省文昌市
6	辽宁省海城市	23	重庆市大足区
7	吉林省长春市九台区	24	四川省郫县
8	黑龙江省安达市	25	四川省泸县
9	上海市松江区	26	贵州省湄潭县
10	江苏省武进区	27	云南省大理市
11	浙江省义乌市	28	西藏自治区曲水县
12	浙江省德清县	29	陕西省西安市高陵区
13	安徽省金寨县	30	甘肃省陇西县
14	福建省晋江市	31	青海省湟源县
15	江西省余江区	32	宁夏回族自治区平罗县
16	山东省禹城市	33	新疆维吾尔自治区伊宁市
17	河南省长垣县		

2020 年 6 月，中央深改委第十四次会议审议通过《深化农村宅基地制度改革试点方案》，再次对宅基地制度改革做出重点部署，试点任务由上一轮"两探索、两完善"扩充为"三权分置"、流转、抵押、退出、有偿使用、收益分配、审批监管等"五探索、两健全、两完善"9 项制度内容，并要求做好宅基地调查摸底、村庄规划、历史问题化解、确权登记等 4 项基础工作。随后，全国 104 个县（市、区）和 3 个整建制地级市大刀阔斧地开启了新一轮宅基地制度改革（改革试点地区名单见附录二）。

（三）宅基地"三权分置"的制度内涵

自 2015 年启动的农村土地制度改革三项试点工作取得了重要进展，但也反映出一些深层次问题需要进一步解决，其中宅基地制度

改革面临的困难最大，突出表现在宅基地流转机制活力不足，使用权转让范围过窄抑制了交易需求；集体经济组织对大量闲置宅基地和农房的管理利用能力不足。试点地区身陷改革困境剑指宅基地"三权分置"下的产权重构。2018 年中央一号文件正式提出探索宅基地所有权、资格权、使用权"三权分置"改革，以推动宅基地使用权在更大范围内流转，最大限度激活宅基地的财产权能。随后，宅基地"三权分置"作为乡村振兴战略的重大制度供给，其改革思路在三项改革试点地区全面展开并允许非试点地区同步探索。

宅基地"三权分置"是在落实集体土地所有权的基础上，将宅基地使用权权利内容分解成资格权和新使用权，资格权承担身份性和居住保障功能，新使用权的财产属性得到强化。因此，宅基地的权利结构由"集体享有所有权-农民拥有使用权"的"两权分离"结构转变为"集体享有所有权-农民拥有资格权-农民或其他受让主体享有使用权"的"三权分置"制度格局（见图 3-1）。

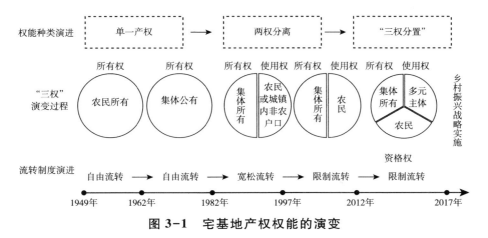

图 3-1　宅基地产权权能的演变

宅基地"三权分置"在一定程度上摆脱了自宅基地"两权分立"制度确立以来的路径依赖，丰富了宅基地产权体系，顺应了城乡融合发展背景下多元主体共享宅基地产权趋势，更大地激发了农村内部发展活力。宅基地"三权分置"是一种流转路径上的新尝试，其生成动因在于促进宅基地使用权扩大流转：一方面，新设立的宅基地资格权及其剥离附带的福利性受到法律的保护，有利于维护农民权益与集体公共利益；另一方面，分解出的新宅基地使用权又有利于提高土地资源的利用效率，优化农村土地资源配置，实现党的十八大关于"加强对农民财产权的保护"的目标。

宅基地制度变迁历程的相关政策文件如表3-2所示。

表 3-2　宅基地制度变迁历程的相关政策文件

阶段及特征	发布年份	法律和政策文件	内容要点
土地改革确立农村土地私有制（1949~1961年）	1949	《中国人民政治协商会议共同纲领》	保护农民土地所有权,无偿分配给农民土地(含宅基地)
	1950	《中华人民共和国土地改革法》	确立农民土地所有制,同时以户为单位发放"土地房产所有证",允许自由买卖
	1954	《中华人民共和国宪法》	保护农民土地、房屋所有权,允许买卖、继承,但国家有权征购、征用和收归国有
	1956	《高级农业生产合作社示范章程》	社员土地集体所有,但宅基地仍保持农民私有
	1958	《关于人民公社若干问题的决议》	宅基地和房屋归农民私有,宅基地所有权与使用权集于一体,农户以房契作为产权凭证,可以自由流通
人民公社产生,计划行政下的平均主义;宅基地"两权分离"（1962~1978年）	1962	《农村人民公社工作条例(修正草案)》	首次正式提出宅基地概念,宅基地归生产队所有,房屋归农民所有,即房地分离
	1963	《中共中央关于各地对社员宅基地问题作一些补充规定的通知》	宅基地所有权归生产队,使用权归农民
	1978	《农村人民公社工作条例(试行草案)》	农村土地(含宅基地)一律不准出租和买卖

续表

阶段及特征	发布年份	法律和政策文件	内容要点
家庭联产承包责任制确立,宅基地用量控制(1979~1986年)	1981	《国务院关于制止农村建房侵占耕地的紧急通知》	新建农房和宅基地需要规划,禁止在承包地和自留地上建房
	1982	《村镇建房用地管理条例》	除社员外,回乡落户的离退休军人、职工和回乡定居的华侨可申请宅基地
	1986	《中华人民共和国土地管理法》	限制宅基地占用耕地,非农户口可向县级政府申请宅基地
城镇化进程加速发展,城市用地需求进一步增加,农村宅基地闲置增多(1987~2006年)	1989	《国家土地管理局关于确定土地权属问题的若干意见》	宅基地所有权归集体,使用权随房流转
	1990	《国家土地管理局关于加强农村宅基地管理工作请示的通知》	禁止非农户口申请宅基地,进行宅基地有偿使用试点
	1995	《确定土地所有权和使用权的若干规定》	非农户口居民在农村的宅基地,依法确定其集体建设用地使用权
	1995	《中华人民共和国担保法》	宅基地所有权和使用权均不得抵押
	1997	《中共中央　国务院关于进一步加强土地管理切实保护耕地的通知》	"一户一宅",且面积符合相应标准
	1998	《中华人民共和国土地管理法》(修正)	完善村镇建设规划,严格用地标准管理,严格宅基地审批手续,禁止城镇居民购置宅基地
	1998	《中华人民共和国土地管理法实施条例》	
	2004	《中华人民共和国土地管理法》(修正)	
	2004	《关于深化改革严格土地管理的决定》	进一步加强宅基地管理,正确引导村民住宅建设合理、节约使用土地,保护耕地
城市反哺农村,土地资源配置的市场化趋势日益显著(2007~2013年)	2007	《中华人民共和国物权法》	确立宅基地的用益物权属性
	2008	《国务院关于促进节约集约用地的通知》	奖励宅基地腾退和利用闲置宅基地建房
	2008	《国土部资源部关于进一步加快宅基地使用权登记发证工作通知》	严格落实"一户一宅",严格执行宅基地面积标准,保护宅基地使用权人合法权益

阶段及特征	发布年份	法律和政策文件	内容要点
城市反哺农村,土地资源配置的市场化趋势日益显著(2007~2013年)	2013	《关于全面深化改革若干重大问题的决定》	选择若干试点推进宅基地改革,慎重推进农房财产权抵押、担保、转让,建立农村产权流转交易市场
土地财产权能凸显,开展农村土地制度改革;实施乡村振兴战略,农业农村优先发展(2014年至今)	2014	《中华人民共和国土地管理法实施条例》(修订)	在市县、乡(镇)国土空间规划和村庄规划中,科学划定宅基地范围;明确宅基地申请的程序,以及对宅基地自愿有偿退出和盘活利用要求
	2014	《关于全面深化农村改革加快推进农业现代化的若干意见》	改革宅基地制度,完善宅基地分配制度,慎重稳妥推进农民住房财产权抵押、担保、转让
	2015	《关于农村土地征收、集体经营性建设用地入市、宅基地制度改革试点工作的意见》	探索多种形式农民住房保障、超标宅基地有偿使用和进城落户农民宅基地有偿退出机制
	2015	《关于开展农村承包土地的经营权和农民住房财产权抵押贷款试点的指导意见》	以县(市、区)行政区域为单位,慎重稳妥推进农民住房财产权抵押、担保、转让试点
	2018	《关于实施乡村振兴战略的意见》	宅基地所有权、资格权、使用权"三权分置"
	2019	《关于坚持农业农村优先发展 做好"三农"工作的若干意见》	力争2020年完成确权登记颁证工作,稳慎推进宅基地制度改革
	2019	《中华人民共和国土地管理法》(修订)	乡镇政府负责批准农民住宅用地,农业农村部负责宅基地制度改革

续表

阶段及特征	发布年份	法律和政策文件	内容要点
土地财产权能凸显，开展农村土地制度改革；实施乡村振兴战略，农业农村优先发展（2014年至今）	2020	《深化农村宅基地制度改革试点方案》	完善宅基地集体所有权行使机制、探索宅基地农户资格权保障机制、探索宅基地使用权流转制度、探索宅基地使用权抵押制度、探索宅基地自愿有偿退出机制、探索宅基地有偿使用制度、健全宅基地收益分配机制、完善宅基地审批制度、健全宅基地监管机制等9项制度；摸清农村宅基地底数、科学编制村庄规划、妥善处置历史遗留问题、做好宅基地使用权确权登记颁证工作等4项基础工作

三　宅基地制度改革试点的制度创新成果

自2015年以来中央部署开展的两轮宅基地制度改革试点主要围绕宅基地"三权分置"、取得方式、有偿使用、自愿有偿退出、收益分配、审批管理等关键领域进行积极探索与完善，形成了全周期、一揽子经验做法与制度成果，为活化利用传统村落的古民居创造了重要契机。

（一）完善宅基地取得方式：探索"户有所居"实现形式与有偿取得制度

居住保障是农村宅基地的底线功能，宅基地的权能拓展必须以满足居住功能为前提。"一户一宅、面积限制"是宅基地分配和享有的最基本规则，在整个宅基地制度体系中发挥着"压舱石"的作用。作为制度源头，宅基地取得方式直接关系到宅基地使用、流转及管理等后续环节，牵一发而动全身。"一户一宅"根植于中国传统的财产分配制度，建立在农村土地集体所有制和农户集体成员身份基础之上。"一户一宅"最早出现在 1997 年《中共中央国务院关于进一步加强土地管理切实保护耕地的通知》中"农村居民每户只能有一处不超过标准的宅基地，多出的宅基地，要依法收归集体所有"①，1998 年修订的《中华人民共和国土地管理法》将这一政策定为法律明文"农村村民一户只能拥有一处宅基地，其宅基地的面积不得超过省、自治区、直辖市规定的标准"②。然而，随着城乡经济社会的发展变迁，"一户一宅"制度遭遇分户、赠与、继承、人地矛盾加剧等现实挑战而逐渐演化。

1. "户有所居"制度对"一户一宅"的演化与延伸

（1）"宅"向"居"的演化取向与落地形式创新。"宅"在字面上意指宅基地，但为了应对无地可分的现实窘境，"一户一宅"开始从每户分配一处宅基地向保障农户基本居住权的方向发展。2019年修正的《中华人民共和国土地管理法》加入了"户有所居"的规定，体现了"宅"由"地"向"房"或"居"的演化，其核心要义在于：一是变宅基地实物分配为居住权益分配；二是变宅基地使用权由农户分散使用为集中或统一使用。试点地区在"一户一宅"的大框架下采取多样式、差别化措施保障农民"户有所居"。在宅基地资源比较丰富的传统农区继续实行"一户一宅"制度；对人均耕

---

① 参见《中共中央国务院关于进一步加强土地管理切实保护耕地的通知》（1997年），第四条。

② 参见《中华人民共和国土地管理法》（1998 年修正），第 62 条第 1 款。

地少，第二、第三产业比较发达的"城中村""城郊村"地区，在农民自愿的基础上，根据人地关系、村庄类型与农户需求，探索了灵活多样的居住保障形式。

一是农民集中居住。一般由当地政府或集体经济组织主导，采取集中联建、多户联建、统规自建等方式，引导农民适度集中居住，实现存量宅基地集约利用，如浙江义乌[①]、安徽金寨[②]；或者结合宅基地有偿退出、建设用地"增减挂钩"等形成的节余建设用地指标，统一建设农民住宅小区和保障性公寓，如四川泸县统规统建住宅小区[③]、安徽凤阳集中建设新型农村社区[④]。二是城乡合作建房。四川泸县[⑤]、湖南浏阳[⑥]、新疆伊宁[⑦]探索了由农户提供宅基地，城镇居民或社会资本投资建房，建成后双方按照协议约定对宅基地使用权与房屋产权进行登记，这种方式在满足农民居住保障需求前提下，可以有效解决农民建房资金难题，并实现宅基地财产收益功能。三是发放权益凭证。浙江象山规定拥有宅基地分配权利的农户可以申请资格权权票，通过赋予持票者落地建房、置换住房、流转交易、抵押融资等权利，达到与保障农户宅基地分配权益同等目的。[⑧]

---

① 参见《义乌市农村有机更新实施办法（试行）》（2020年），第31条。
② 参见《金寨县农村居民建房用地管理暂行办法》（2022年），第9条第2款。
③ 参见《泸县适度放活农村宅基地使用权的指导意见》（2021年），第8条。
④ 参见《凤阳县农村宅基地审批管理办法（试行）》（2021年），第4条第2款。
⑤ 参见《泸县农村宅基地共建共享暨综合开发的指导意见（试行）》（2017年），第8条。
⑥ 参见《浏阳市城乡合作建房改革试点实施意见》（2021年）的有关规定。
⑦ 参见《伊宁市农村集体土地合作建房管理办法（试行）》（2023年）的有关规定。
⑧ 参见《象山县农村宅基地资格权权票管理办法（试行）》（2021年）的有关规定。

【专栏 3-1】浙江省义乌市集中建设农民公寓

浙江省义乌市在城镇规划红线范围内，通过新社区集聚建设高层公寓保障农民"一户一房"，允许农民以合法宅基地面积 1：5 置换权益面积，实行"1（1 套住房）+X（高层公寓、产业用房、货币等多种方式）"安置；对城镇规划红线范围外的近郊村按总规模控制实施更新改造，以土地规模控制和规划管控推行"和美乡村"建设，2018 年实施更新改造农村 100 个；对远郊村则实施"异地奔小康"工程，并将解决住房困难户和危旧房改造列为全市十大民生实事，通过易地安置、货币化安置等优先予以保障，自试点以来已解决住房困难户 5010 户、治理危房 29635 处。

（2）"户有所居"制度定位与风险防范。"户有所居"是为缓解农村日益紧张的建设用地形势而采取的折中措施，"一户一宅"仍是当下宅基地分配取得的主导性规则。值得注意的是，在各地积极探索"户有所居"多种落地形式的过程中，伴随产生的一些新问题、新现象需做进一步研究与规范。一是有关建房用地的权属问题。对于通过调剂建设用地指标而建设的集中居住小区、农民公寓而言，其占用土地的性质已经由宅基地使用权转变为集体建设用地使用权。虽然宅基地属于集体建设用地，但立法上对集体建设用地使用权的期限及在其上建房应负担的税费、物业费等都做了有别于宅基地的规定，而大部分试点并未对此进行区分或做特别说明，仍按宅基地进行管理，造成了新的产权隐患。还有，城乡合作建房涉及共建房屋下的用地性质该如何认定、双方权利如何划分、使用期限如何确定等问题，这些在实践中并没有明确，不利于后续管理。二是理性看待"合村并居"问题。"合村并居"是通过跨村配置宅基地，引导农民集中居住的一种集约用地方式。事实上，基于农村发展实情，尊重农民意愿的"合村并居"具有合理性，特别是对于人口流出严重的空心化村庄，"合村并居"意义更大，既可改善农民居住条件和提高公共服务供给效率，又可提升居住用地利用效率。总而言之，探索创新"户有所居"的多种实现形式，必须充分尊重农民的主体地位，防范制度联动与利益博弈可能引发的内在风险，切实保障农民居住权利。

2. 探索在宅基地申请分配环节推行使用权有偿取得制度

经过多年落实耕地保护、实施城乡建设用地"增减挂钩"等政策，农村建设用地指标越发紧缺，通过无偿分配单宗宅基地以保障农民居住权益的"一户一宅"难以为继。为缓解农民建房用地紧张的局面，一些试点探索了宅基地有偿取得，对符合申请条件的集体成员在本集体或跨集体取得宅基地使用权收取一定费用，通过经济手段调节宅基地分配需求，从源头上维护"一户一宅"，提高建设用地利用效率。比如云南大理①、新疆伊宁②按照土地成本价对初次申请取得宅基地一次性收取相关费用。浙江义乌、安徽凤阳、浙江柯桥利用市场手段配置宅基地资源，对区位条件优越的宅基地，实行公开竞价，推动形成宅基地取得的市场化定价机制。具体而言，浙江义乌开展了宅基地跨村跨镇安置，允许已获批宅基地指标但因本集体内部用地紧张无法落地建房的农户，通过公开投标获取其他村

---

① 参见《大理市关于积极探索宅基地所有权资格权使用权分置的实施意见》（2018年）的有关规定。

② 苏仙区人民政府：《第一批国家新型城镇化综合试点经验出炉》，http：//www.hnsx.gov.cn/sxqgtj/17794/17804/18130/content_1292890.html。

庄宅基地使用权[①]；安徽凤阳针对县域内区位优势显著的宅基地，采取"一户一宅、自愿有偿、公开透明、价高竞得地"的竞价择位规则[②]；浙江柯桥尝试了在镇域内实行宅基地跨村有偿选位，5宗宅基地总起拍价60万元，最终成交价达109万元[③]。

相较于保有环节的有偿使用，宅基地有偿取得意味着取消福利分配，有利于从根源上遏制农户多占和超占宅基地行为，是化解土地资源紧缺地区宅基地供需矛盾的应然之举，也是从源头赋予宅基地财产权属性的长远趋势。鉴于此，本书建议综合考虑村庄发展定位、人口趋势和代际公平等因素，采取时点划断办法，对某个历史时点以后享有居住保障资格的集体成员，推行有偿取得宅基地使用权。

（二）扩大房地流转交易：适度突破转让范围与积极盘活闲置农房

1. 宅基地使用权转让的适度突破

（1）使用权转让范围有序放宽。试点地区结合实际，积极探索扩大宅基地使用权转让的可行方案，对转让范围、受让主体身份进行了不同尺度扩展，大致呈现三种渐进式情形：一是从本集体内部扩大到乡镇内集体成员间转让，云南大理规定受让人为同一乡（镇）

---

① "央广网"百家号：《义乌在浙江率先尝试宅基地跨村跨镇街安置》，https：//baijiahao. baidu. com/s？id＝1622006822293292247&wfr＝spider&for＝pc。

② 参见《凤阳县农村宅基地竞价择位实施办法（试行）》（2021年），第2~3条。

③ 绍兴市人民政府：《农民的"不动产"成了更灵活的"动产" 我市首试宅基地镇域跨村有偿选位》，https：//www. sx. gov. cn/art/2021/7/30/art_1462938_59325555. html。

内具有宅基地申请资格的集体成员[①]；二是扩大到县域内集体成员间转让，如福建建瓯[②]、青海湟源[③]、安徽金寨[④]、新疆伊宁[⑤]等扩展至县（市）域内符合"一户一宅、面积法定"申请条件的集体成员；三是扩大到县域内农业户口居民，如湖北宜城允许城市规划区范围内的宅基地向全市符合条件的农业户口居民转让[⑥]。一般而言，这些对外转让的均是集体内部消化不掉的冗余宅基地，跨集体转让在一定程度上拓展了市场机制对宅基地资源配置的空间，具有现实必要性与合理性。但应当指出，在农村多元住房保障体系尚未健全的情况下，宅基地是农民基本居住保障的现实短期内难以改变，过大尺度的使用权流转可能带来不可控的社会风险，县域范围内集体成员间转让成为当前宅基地转让制度改革的适宜尺度，未来随着城乡一体化的住房保障体系逐渐建立与完善，农村居民在城市也能够享有基本居住福利和社会保障时，再将范围有序扩大到城市居民。

（2）跨集体转让期限问题。针对宅基地跨集体转让期限以及期满后如何处置的问题，部分试点在不妨碍资格权保障功能前提下，设置了"固定期限+续期"的规则，即固定期限届满时，只要该户还有成员享有资格权，使用权转让就可以续期，但若农户资格权消失，转让期满后宅基地使用权则收归集体。比如，浙江义乌参照城市住宅建设用地使用权满 70 年到期后自动续期的规定，采取"70

---

① 参见《大理市农村宅基地流转管理办法（试行）》（2016 年），第 7 条。

② 参见《建瓯市农村宅基地取得、有偿使用、流转和退出办法》（2022 年），第 18~19 条。

③ 参见《湟源县农村宅基地使用权流转管理办法（试行）》（2016 年），第 6 条。

④ 参见《金寨县农村宅基地使用权流转暂行办法》（2021 年），第 10 条。

⑤ 参见《伊宁市农村宅基地使用权流转管理办法（试行）》（2023 年），第 10 条、第 12 条。

⑥ 参见《宜城市农村宅基地使用权流转管理办法（试行）》（2016 年），第 3 条。

年转让期+有偿优先续期"方案[1]；浙江德清制定了"转让期不得低于5年、不得超过30年+约定续期"的原则[2]；新疆奇台允许跨集体转让最高年限不得超过住宅类50年，在使用年限内可以转让、出租和抵押，到期后双方议定是否续期[3]；还有试点直接依据《中华人民共和国民法典》"租赁期限不得超过二十年"[4]的规定，设置"20年期限+自动续期"，相较而言，此种方案援引的法律依据较为充分，故而也最为稳妥。

2. 探索多形式盘活闲置农房

由于经济发展程度和宅基地发挥功能不一，试点地区因地制宜开展了差异化探索，利用形式灵活多样。在利用方式上，既有将宅基地用于发展新产业、新业态，如发展休闲农业、乡村旅游、餐饮民宿、文化体验、创意办公、电子商务等，也有基于现有农业基础发展农产品加工、仓储及冷链物流等；在利用主体上，既有农民自营，也有将宅基地通过出租、入股等方式交由他人经营，如集体经济组织或者合作组织、返乡下乡创业人员、工商资本投资者。例如，四川成都探索出"两个主体（产权主体与实施主体）"、"两种形式（农村集体资产管理公司和土地股份合作社）"和"多种路径（挂牌出让、就地出租、自主开发、作价入股）"的集体建设用地入市机制，丰富了宅基地和闲置农房盘活利用路径。湖南浏阳田溪村将43户农民的自有闲置农房集中，与旅游公司合作开发乡村民宿和农家乐，并以农城微旅信息科技开发有限公司为平台，通过手机App

---

① 参见《义乌市农村宅基地使用权转让办法》（2021年），第7条。
② 参见《德清县农村宅基地管理办法（试行）》（2018年），第40条。
③ 参见《奇台县农村宅基地使用权流转暂行办法（试行）》（2023年），第23条。
④ 参见《中华人民共和国民法典》，第705条。

网上订房的方式，广泛吸引外地游客，不断扩大经营规模，收益按照农城微旅信息科技开发有限公司 20%、湖南西溪旅游发展有限公司 10%、农户 65%、乡村管理员 5% 的比例进行分配，有效盘活了闲置宅基地和农房，还带动了当地农副产品对外销售，助推了美丽乡村建设和脱贫攻坚。

【专栏 3-2】浙江省绍兴市柯桥区全域激活闲置农房

柯桥区立足资源禀赋和产业特色，从单一激活向整村激活、多村联动激活、整片整区域激活推进升级，同步实现低效闲置土地盘活、产业发展效益共享、农民居住质量改善以及集体经济持续增收等多重目标。

乡村民宿产业集群发展："农房收储+周边资源流转"捆绑式激活。柯桥区以乡村民宿产业为切入口，鼓励有一定经济实力的村集体采用"回购""返租""入股"等方式统一利用闲置农房，带动区域特色产品产销、休闲游、健康养生、文化体验等多业态融合发展，形成"民宿+"产业体系。平水镇嵋山村将 34 处闲置农房、4 处集体房屋及周边 400 亩茶田、竹山等统一流转给绍兴刻石山文化旅游发展有限公司，打造融合高端民宿、"飞拉达"索道攀岩、文化创意体验、休闲度假旅游等多样化项目的农文旅综合体，每年带动农户增收 20 多万元，村集体经济增长 40 余万元。

乡居式养老服务综合体："村集体搭台+农户参与"合作式激活。柯桥区通过将闲置农房变成"晚年驿站"，配套建设养老服务设施，打造养老服务综合体，提升了农村养老服务质量。平水镇王化村结合村内空巢老人多、闲置农房多、弃耕农地多的实际，由返乡创业人员投资 2000 万元，租赁 70 户农户的闲置农房和约 4000 平方米的废弃茶厂，流转周边 120 亩闲置承包地、林地，建设金秋家园农旅养老养生综合体，在满足本地老人在"自己家门口"养老的同时，吸引城市老人体验"归隐田园"式生活。金秋家园对本村老人提供折扣优惠，通过差异化定价，既满足本村老人养老需求，又吸引了社会人群。金秋家园已解决 60 名本地村民就业问题，每年为村民创收超 150 万元，村集体增收 50 万元以上。

传统民居"活态"保护利用："党支部引领+专业管理"共享式激活。夏履镇双叶村坐拥叶家山古道、周家大院、鹿鸣纸生产技艺等历史人文资源，被列入第五批中国传统村落名录。双叶村充分发挥基层党组织的战斗堡垒作用，将闲置农房盘活与传统文化传承、传统古村落保护相结合，由村党支部牵头，对村内 200 套古民居统筹整合、规划和修缮，打造"周家大院"民宿群，采取托管方式引入专业的酒店运营管理团队，优先招用村内低收入户劳动力就业，构建村民、村集体与运营方三方共营共享模式，激发村民对传统建筑与民俗文化保护的认同感，促进传统村落活态发展。

（三）建立宅基地有偿退出机制：强化村集体统一或集中开发利用

为摆脱宅基地闲置低效利用和乡村产业用地不足的双重困境，探索建立自愿有偿退出机制成为改革的重要任务。一些试点地区在保障"户有所居"的前提下，基于不同的实施动机而形成差异化退出模式，鼓励集体经济组织自主开发或合作经营闲置房屋和宅基地资源，引导农民以入股、出租方式参与发展农村新产业、新业态，在实现闲置宅基地和闲置农房盘活利用的同时，增加了农民财产性收入，改善了农民居住条件。

（1）政府奖补引导退出。安徽金寨搭建了以宅基地制度改革促脱贫、促改居的平台，实现了宅基地制度与脱贫攻坚、移民搬迁及改善农民住房条件协同推进。通过综合运用"补偿+奖补"政策，将宅基地退出补偿（户均8万元左右）与易地扶贫搬迁、水库移民搬迁补助相叠加，使得户均增收15万元以上。同时，宅基地复垦腾退的建设用地指标在省域范围内有偿调剂使用，极大地缓解了补偿资金筹措压力。

（2）探索市场化交易自主退出。浙江义乌顺应城乡经济发展需要，将农户自愿退出的宅基地以及废弃闲置的集体建设用地进行复垦，验收合格后折算成建设用地指标"集地券"，退出农户可以参加城乡新社区集聚建设或选择纯货币化安置补偿。"集地券"实行台账管理，既可在义乌产权交易所进行交易，也可由市、镇政府予以回收。截至2018年底，义乌市完成"集地券"立项4516亩，验收3211亩，相关土地全部统筹用于民生和重大产业项目。

（3）产业用地需求倒逼式退出。四川郫都针对农村土地用途管制方式过于静态化，乡村新业态发展空间优化配置机制缺失，存量建设用地布局分散、利用低效等问题，探索建立了区域农村建设用地总量管控制度，探索出"零星宅基地有偿腾退复垦—节余指标收储—台账动态管理—流量统筹利用"新路径，打通了偏远农村存量宅基地转换成集体经营性建设用地的通道，满足了新产业、新业态发展用地需求。

（四）健全宅基地监督管理制度：落实集体所有权行使职能

宅基地属于农民集体成员所有，是农村土地公有制的重要实现形式。通过完善宅基地集体所有权行使机制，切实赋予农民集体成员长期而有保障的地权，是宅基地权利体系变革的逻辑起点。从试点实践来看，多数地区结合农村集体产权制度改革，将包括宅基地在内的各类集体资源资产权属确权到不同层级的集体经济组织，明确了宅基地所有权归属。比如江苏武进改革调整集体土地所有权主体层级，建立镇级集体经济组织，探索宅基地"组有"变"村有"和"村有"变"镇有"的所有权主体上升机制，解决农户建房用地要素镇域配置的管理问题。① 部分改革试点制定了集体经济组织对宅基地增值收益的管理分配制度，将土地"增减挂钩"、择位竞价、有偿使用、流转、抵押、对外投资等纳入集体资产的经营性收入，合理确定集体留存与成员分配的比例。比如江西永丰规定在保障农民收益、尊重农民意愿的前提下，宅基地增值收益扣除集体支出、弥补亏损和有偿退出资金等部分后，提取不高于 10%的调剂金，剩余净增值收益参照 3∶7 比例在集体经济组织和集体成员间分配。②

还有个别地区着力发挥村民自治组织在宅基地管理中的作用，提高农民自我管理和约束意识。比如江西余江区以自然村为单位成立村民事务理事会，行使宅基地分配、规划、收益、处置等权利③；江苏沛县组建宅基地管理村民理事会，加强农民建房监管，协调平衡多方利益④；湖南浏阳实行"宅改全域覆盖、突出规划引领、加强

---

① 参见《武进区农村宅基地管理办法（试行）》（2021 年），第 6 条。
② 参见《永丰县农村宅基地增值收益收取、分配、管理和监督指导意见》（2021年），第 7 条。
③ 参见《余江区关于进一步强化村民事务理事会对宅基地管理权责的通知》（2015 年）的有关规定。
④ 参见《沛县组建农村宅基地管理村民理事会指导意见（试行）》（2021 年）的有关规定。

总量管控"，按照"多规合一"要求，分批启动全市 322 个村庄建设规划的修编提升工作，全面完成 251 个村庄的土地利用规划编制，引导农民科学选址建房、节约集约用地，规划整理集中连片宅基地402 处。同时，加强宅基地总规模控制，下放村民建房审批权限，乡镇一级每年审批的村民建房约 8000 宗。

四　宅基地制度改革试点面临的现实困境

宅基地制度是农村土地制度中最为特殊的一项制度安排，其涉及关系多重、包含利益复杂，牵一发而动全身。目前改革试点探索形成的一些制度设计，尽管在经济手段管理方法上很理想，但在现实操作中却遭遇种种困境与挑战，亟待寻求破解之道。

（一）制度成果缺乏上位法认可，削弱改革创新动力

改革试点中有关宅基地有偿使用、扩大使用权流转等制度成果对原有法律法规进行了很大突破，各方对此争议较大，因而当前尚未将其上升为法律规范，导致这些制度突破因缺少上位法认可而难以铺开实践，从源头上削弱了进一步探索创新的动力。例如，江西余江区提出了两个问题。其一，村民事务理事会法律地位不明确，在宅基地管理审批等村级事务中难以长久性发挥作用。自然村村民事务理事会在宅基地制度改革和农村社会治理方面发挥了重要作用，但其既不同于行政村层面的村党支部和村委会，也不是村组集体经济组织，法律地位不明确，与村组相关组织关系不清晰，可能存在法律风险。其二，按年收取有偿使用费缺乏法律或政策依据，收取难度较大。有偿使用对宅基地规范管理起

到了良好效果，但使用权人在办理完成宅基地产权使用手续后，仍持续每年对"一户多宅"和"一宅超占"村民收取有偿使用费的做法，缺乏法律依据，在实践中难以操作。湖南浏阳市还指出尽管国家政策已明确鼓励以出租、合作等方式流转闲置农房和宅基地资源，现实中也有社会资本流转闲置宅基地发展乡村产业的意向，但是《中华人民共和国土地管理法》等法律仍将宅基地流转限定在本集体经济组织内部，外来使用主体无法办理不动产权登记，其产权权益缺乏法律保障。

（二）缺少配套政策支持，改革后续推进动能不足

一是缺乏资金支持。一方面，启动宅基地制度改革，前期需投入大量资金，用于改革试点按照村庄规划建设配套基础设施、开展示范村建设等，一些村庄尚未明确资金渠道。据统计，广西共有约1.4万个行政村，截至2023年4月，只有3400多个行政村完成村庄规划编制，若剩余的约1.06万个村庄要编制村庄规划，200个4人规划团队需耗时8年左右才能完成，按平均每个村庄规划编制费用20万元计，广西还需投入21.2亿元，地方财政筹集资金难度大（童政，2023）。另一方面，不少村庄即便编制了村镇规划，但按村庄规划进行基础设施建设，还需要投入大量的资金，而仅依靠地方财政或农民自筹资金无法满足规划建设需要。二是缺乏相关制度配套。宅基地流转、退出过程中的相关制度配套不足，在一定程度上制约了改革的持续推进。尤其是在引导有条件或有意向进城落户的村民退出宅基地的过程中，对于这些村民退出宅基地后在城镇的就业、住房、教育、养老等配套保障政策不到位，难以实现农业转移人口市民化与宅基地有偿退出的协同推进。

（三）集体经济组织管理能力参差不齐，影响改革整体成效

宅基地制度改革的推进需要村集体经济组织的主导和参与，村集体经济组织自身组织管理能力的高低，直接影响各项改革任务的实施成效。从试点实践来看，出现群众违法建房行为失控的农村，其集体经济组织的管控能力较弱，宅基地监管基本处于缺位状态。而宅基地使用有序、改革进展顺利的农村，集体经济组织具有准确的政策理解能力和较强的组织管理能力，能带领群众共享改革红利，加快改革进程。

五　宅基地制度改革的未来走向

当前，宅基地制度改革的"四梁八柱"初步构建，未来应以保障农民基本居住权为前提，以实现农民更加充分的财产权益为方向，适应乡村振兴和城乡融合发展趋势，坚持历史耐心、先立后破、稳慎推进的原则，推动构建依法取得、节约利用、权属清晰、权能完整、流转有序、管理规范的农村宅基地制度体系。

第一，以科学方法论锚定深化改革的目标方向。宅基地制度改革应严格遵循全面深化改革方法论，正视现实制约和制度约束。深化宅基地制度改革，应对所受的客观制约和基本遵循有清醒认识。一要科学设定目标路径。保障农户宅基地的用益物权和住房所有权是大前提，充实强化宅基地的财产属性是核心，赋予完整的财产权能是路径。随着城乡一体化土地市场建设加快推进，城乡土地"同价同权"的实现途径日益畅通，要建立完整清晰的宅基地产权制度以及多层次、多类型的宅基地使用权交易市场。按照土地要素市场

化配置规律，顺应宅基地功能及其与农民关系的变化，在保证农民多种利益诉求的基础上，更多地通过市场完成资源再分配与盘活利用。二要坚守乡村发展特色底线。立足乡村特色和功能定位，遵循乡村实际和发展规律，分类有序推进宅基地制度改革，不能借宅基地制度改革之机，盲目推进合村并居，要注重传统村落、"老屋"、民俗文化等的保护传承。三要发挥制度改革的加乘效应。坚持统筹联动，把宅基地制度改革与要素市场化配置改革、农村集体产权制度改革、集体经营性建设用地入市改革、乡村建设行动和美丽乡村建设等相结合，合理规划村庄用地布局，用于满足保障农民新增建房用地、支持乡村产业发展和乡村建设等多重需求。

第二，赋予农民更加充分、稳定的宅基地财产权益。农民是共同富裕的价值主体和实践主体，是市场运行和法治实施的原动力，集体经济的内在价值在于个体通过集体得以更充分发展以及与集体共同发展，因此应构建以农民及其组织为中心的多元协同的主体机制，制度化保障其能动性，这主要包括两方面的内容。一方面，尽快完成宅基地为集体经济组织所有的确权登记，明确权利归属，即明确和赋予集体相应的管理职权，包括乡村规划编修自主权、宅基地初始分配决定权、宅基地退出收回决定权、宅基地流转监督权、宅基地流转收益分享权、闲置宅基地整治实施权等，以保障规划实施和维护秩序。对宅基地或其上房屋流转收益由宅基地使用权人、集体按比例分配，充实所有权人权益，壮大集体经济。另一方面，厘清集体成员与农民集体之间的关系，保障农民在宅基地规划、分配、使用、处分等重大事项中的知情权、参与权、监督权。增加刚性城乡规划和村庄规划的弹性，在编制各类规划时应保障集体和宅基地使用权人有效参与，并在农村集体经济组织立法中明确。

　　第三，加强探索宅基地"三权分置"有效实现形式。当前，宅基地"三权分置"尚未从政策性语言转变为制度性条文，这不仅是因为制度改革的理论逻辑与内涵本质尚未形成共识，更重要的是仍存在诸多焦点问题还没有找到可行路径和实现形式，客观上仍需加强理论研究和深化试点探索。具体来讲，落实集体所有权是改革基础，应对集体所有权的制度内涵进行调整，重点探索解决权利主体虚置和权能不完整等问题；保障农户资格权是改革底线，承接宅基地使用权的身份性和居住保障功能，为农民市民化提供退路，首先要从法理上厘清其权利性质和入法路径，探索存量宅基地遗留问题和增量宅基地审批问题的解决路径；适度放活使用权是改革重点，进一步将其纯化为典型的用益物权，允许市场化流转和用途扩展，彰显宅基地的财产价值，关键在于建立有偿使用和自愿有偿退出的分类实现形式。总之，国家应以保护和发展农民财产权益为出发点，以盘活闲置资源和促进产业兴旺为落脚点，深化试点探索与制度改革，切实为乡村振兴提供制度性原动力。

第四章

宅基地制度改革影响传统村落古民居
活化利用的理论分析

人、地、钱是推进乡村振兴战略实施的三大关键要素。"人"和"钱"从城里来（包括返乡回流）；而"地"则依靠乡村自身整理而来。破解农业农村"地"的难题，自然可招徕"钱"和"人"。同样地，传统村落和古民居保护发展的根本问题也是土地问题。尤其在既定的"房地一体"原则下，古民居是宅基地上的附着建筑物，宅基地流转使用是助推古民居活化利用的重要环节。以宅基地"三权分置"为核心的宅基地制度改革是农村土地产权制度的重大创新，重构了宅基地权利体系，从原使用权中剥离了集体成员身份性的权利内容，在很大程度上缓解了宅基地流转受限的制度症结。宅基地流转的适度松绑，对于传统村落保护更新、促进社会资本开发利用闲置的古民居和增加农民财产性收入大有裨益。

一　宅基地权能实现与古民居活化利用的契合

（一）古民居及其下宅基地的产权关系

20世纪60年代，在农村宅基地"两权分离"格局下，中国建立了私有住宅与公有地基相混合的农村住宅制度。基于此，古民居产权人拥有房屋所有权，但无法取得该房屋占有范围内的宅基地所有权，仅能依法取得宅基地使用权。尽管我国实定法上并未就宅基地使用权与地上房屋所有权之间的关系做出明确规定，但《中华人民共和国城镇国有土地使用权出让和转让暂行条例》《中华人民共和国城市房地产管理法》《中华人民共和国民法典》明确规定了有关不动产的处分规则，在转让、抵押房屋等地上建筑物所有权时，对其占用范围内的土地使用权一并处置，并且实行的是"双向"一致，既有"房随地走"，又有"地随房走"。虽然这个原则没有明确适用于农村房屋所有权与宅基地使用权之间的关系，但诸多政策文件采取了类推适用现行法的解释方法，由此坚持农村房屋与宅基地在流转、抵押时不可分离，遵照"房地一体"原则。

（二）"房地一体"之下古民居的权利结构与处分权能

古民居属于私人财产，其涉及公民个人的民事权利，但部分古民居被国家文物部门鉴定为民居类文物建筑，这又涉及国家对文物进行保护和管理的法律制度，即古民居除适用民事法律及相关制度之外，还适用文物之特别法。古民居及其占有范围内的宅基地是农民拥有的重要资产，其财产权受相关法律保护。《中华人民共和国宪法》第 13 条明确规定："公民的合法私有财产不受侵犯。国家依照法律规定保护公民的私有财产权和继承权。国家为了公共利益的需要，可以依照法律规定对公民的私有财产实行征收或者征用并给予补偿。"《中华人民共和国民法典》规定："私人的合法财产受法律保护，禁止任何组织或个人侵占、哄抢、破坏。"古民居属个人所有的纪念建筑，是一种重要的生活资料和生产资料，承担着所有权人的生活需求，包括个性化、创新性的居住要求。但从产权关系的角度来看，宅基地使用权为用益物权属性，使用权人依法对集体所有的宅基地享有占有和使用的权利，并有权依法利用该土地建造住宅及其附属设施，故而产权人对古民居享有完整的所有权，包括使用、分配、收益的权利，但对宅基地仅享有部分权能，在二者权利内容并不一致的情况下，古民居的权能实现明显受到制约。

此外，需要注意的是，列入文物保护单位的古民居需要强制保护，其处置权受到法律限制。《中华人民共和国刑法》是我国规定犯罪、刑事责任和刑罚的法律，从侵犯财产罪的角度对故意毁坏财产的现象设定"故意毁坏财产罪"，确保不可移动文物及其他文物得到强制性充分保护。《中华人民共和国文物保护法》第 21 条规定："非国有不可移动文物由所有人负责修缮、保养。非国有不可移动文物有损毁危险，所有人不具备修缮能力的，当地人民政府应当给予帮助；所有人具备修缮能力而拒不依法履行修缮义务的，县级以上人民政府可以给予抢救修缮，所需费用由所有人负担。对文物保护单位进行修缮，应当根据文物保护单位的级别报相应的文物行政部门批准；对未核定为文物保护单位的不可移动文物进行修缮，应当报登记的县级人民政府文物行政部门批准。文物保护单位的修缮、迁移、重建，由取得文物保护工程资质证书的单位承担。对不可移动文物进行修缮、保养、迁移，必须遵守不改变文物原状的原则。"

（三）促进宅基地与古民居盘活利用的现实意义

1. 推动存量宅基地盘活利用的现实需求

在长期的城乡二元结构下，宅基地的经营性用途和完整的产权权能被严格限制，形成了生产要素由农村向城镇单向流动的格局。这种非市场化的资源配置，引发了土地利用低效、资源浪费严重以及管理秩序混乱的问题。要实现乡村振兴、缩小城乡差距，就必须破除城乡二元结构、建立城乡一体化的集体建设用地市场，促进优质生产要素从城镇流向农村。

促进宅基地使用权流转、盘活利用存量宅基地是为了充分发挥市场配置宅基地资源的功能，让使用权主体最大化获取宅基地的经济价值、财产价值。一方面，通过扩大宅基地流转范围，引入市场机制进行资源配置，可以促进劳动力、资金、技术、管理等优质资源要素在农村整合和优化配置，全面推进乡村建设和实现乡村振兴。另一方面，宅基地和农房是农民在农村最重要、最基本的财产，其经营用途和产权权能被严格限制，是造成农民财产性收入占比一直低下的重要原因。因此，突破现有制度对宅基地用途及权能的限制，逐步赋予其完全"物权"特性，拓展宅基地和农房的复合性用途，是增加农民财产性收入、走向共同富裕的有效路径。

2. 促进古民居活化利用的现实价值

古民居所有权是农民一项重要的财产权，包括占有、使用、收益、处分等多项权能。古民居随附在宅基地之上，在宅基地制度改革之前，产权流通市场一直将乡土建筑挡在市场大门之外。在封闭的流转环境中，政府、集体与产权人之间滋生了资源低效配置、农民权益受损等问题。一方面，产权人之间或因利益的模糊与纠葛而相互扯皮推诿，或因经济与技术有限而乱修滥修；另一方面，社会资本介入时，由于古民居年久失修、区位条件偏远，古民居本身价值低于其所占的宅基地价值，开发商在经济利益的驱动下，抛弃对古民居价值的保护利用，而转向对土地的大肆开发，造成了古民居的破坏以及民族文化的消失。

可见，促进古民居产权开放利用具有重要的现实意义。一方面，产权流转是在不改变所有权的前提下，将古民居一定年限的使用权配置给有需求、有能力的社会组织、企业或个人，最大限度地保护利用民族文化资源，并最高效地发挥其价值。另一方面，使用权流转可以使产权人深刻认识到古民居产权流转的主观态度、行为与经济利益直接相关，促使其提高自觉保护、利用古民居的意识，实现古民居的可持续发展。

二　宅基地制度改革推动古民居活化利用的内在机理

宅基地"三权分置"改革是为破解农房流转受制于宅基地使用权流转的现实困境，兼顾与平衡农民对农房所有权的完整性和对宅基地使用权的定限性的变通方案，即以农民基本居住保障为前提，探寻农房所有权变动引致宅基地使用权适度放活的妥适路径，以消除其身份性限制对于农房流转构成的制度障碍。"三权分置"的实质是对宅基地地上权利的分割，体现了宅基地制度从"所有主义"到"利用主义"的重要转变。"三权分置"通过"产权拆解、权能拓展"将宅基地所有权权能与各种具体用途上的权利相分离，让不同主体独立拥有不同的权能，这样既兼顾了其福利保障属性和财产属性，又保留了其身份属性，还促进了更大范围内宅基地及地上房屋的流转，无疑为化解宅基地资源和地上古民居的盘活利用难题，增加产权人财产性收益提供了全新的思路（见图4-1）。

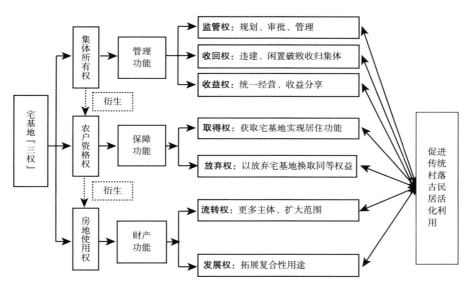

图4-1　宅基地"三权分置"权利结构分解

（一）强化村集体经济组织的管理功能，提升村落治理水平

"三权分置"中宅基地集体所有权行使机制，主要在于明确农村集体经济组织在宅基地规划、分配、调整等方面的重要权责，强化村集体经济组织对宅基地使用、流转、退出、抵押担保、收益分配等的审核和监督。就落实农民集体对宅基地所有权而言，具体通过行使监管权、收回权和收益权予以体现。

监管权指通过发挥村民自治机制，强化村集体经济组织在宅基地规划、住房建设等方面的管理作用，提高农民自我管理能力，提升约束意识，防止大拆大建，提升村庄村容村貌。四川泸县在宅基地制度试点改革中，通过成立村级土地管理委员会、议事会、股份合作社以及纠纷调解委员会，强化对宅基地的监督和用途管制，指导农民依据村庄规划推动村庄人居环境改善，保护传统村落和特色民居。

收回权是强化集体所有权管理功能的重要手段。宅基地无偿取得、无限期使用以及无成本留置，使得农民倾向于抢占宅基地，造成了大量违法占地建房和房屋闲置浪费的情形。收回这些有违建、闲置破败特别是濒临坍塌的房屋的宅基地是直接强制性保护古民居的一项非常必要的措施。云南大理银桥镇探索了有偿收回宅基地的"空心村"整治模式，通过"合理补偿、统一规划、建章立制"等举措严格执行"批新退旧、一户一宅"的规定。自2015年试点以来，银桥镇共有153户农户签订了宅基地使用权收回协议书，共收回整治面积为33.14亩的宅基地，重新规划了62宗宅基地（叶红玲，2018）。

收益权是发展壮大农村集体经济的直接体现。农村集体经济组织可获取的宅基地收益主要来自两个方面。其一，直接性收入。一些有能力的村集体通过对村落的宅基地和古民居统一规划，采取自主经营、合作经营、委托经营等方式发展乡村旅游、民宿、体验等多种业态，显化宅基地和古民居的财产功能，为壮大农村集体经济提供资本支持。其二，间接性收入。农户将宅基地和古民居用于经营性用途时，实则享有了超越其居住保障限度的额外权益，理应不能完全无偿获得这部分经营性收益，作为宅基地所有权人的集体经济组织有必要对用途扩展产生的增值收益进行调节。故此，应允许集体经济组织收取一定比例的"增值收益调节金"用于村庄公共服务供给，具体收取标准和方式可结合村庄实际进行民主议定。这既是落实宅基地集体所有权的必要手段，也是体现集体成员内部公平的应有之义。

（二）固化集体成员身份属性，保障农民基本居住权益

农户宅基地资格权是基于村集体经济组织成员权的狭义控制权，固化并延续了宅基地最基本的居住保障功能，因而农民可以有保障地将宅基地及房屋使用权进行流转。可以看出，农户宅基地资格权对推动古民居的活化利用具有间接作用，其权能实现主要表现在取得权和放弃权。

取得权即农户宅基地资格权的实现，指资格权转变为实际取得宅基地使用权或者以其他方式实现其宅基地资格权。其主要包括以下两种形式。一是"一户一宅"方式实现农户宅基地资格权。在"一户一宅、面积法定"原则下，试点地区采取"以户定面积"、"以人定面积"或"按人定面积、按户控上限"等差异化的取得方式。例如，北京、湖北、河北、山东、陕西、广东、海南等地不考虑户内成员数量，以户定标，限定户均面积一般不超过 0.35 亩（约为 233 平方米）。其中，广东省南海区提出每户用于建设农房的宅基地面积合计不得超过 80 平方米[①]；海南省明确全省农户宅基地面积不得超过 175 平方米[②]；北京市规定人多地少地区户均面积不超过 167 平方米，其他地区不超过 200 平方米[③]。四川省泸县意识到，以

---

① 参见《佛山市南海区农村宅基地和建房全流程审批管理办法（试行）》（2021年）第 3 条。

② 参见《海南省农村宅基地管理试点办法》（2019 年）第 7 条。

③ 参见《北京市人民政府关于落实户有所居加强农村宅基地及房屋建设管理的指导意见》（2020 年）第 4 条。

变化中的"户"为主体分配宅基地处于不稳定状态，易引发家庭成员间矛盾，为此，把分配单位由"户"直接改为"人"，采用"以人核定"的办法，即无偿取得宅基地的居住面积为每人 30 平方米，对 3 人以下户按 3 人审批，3 人及以上户按实有人口审批。[①] 还有一些地方采用"户"与"人"联合定标的方式，同时设置人均面积和整户上限两个标准，例如重庆市大足区规定"宅基地用地面积标准为每人 30 平方米，3 人以下户按 3 人计算，4 人户按 4 人计算，5 人以上户按 5 人计算"[②]。二是其他方式实现农户宅基地资格权，诸如建设农民住宅小区和农民公寓、有偿选位或跨村配置等。例如，浙江省绍兴市柯桥区探索开展存量宅基地"有偿选位"。受地理、历史因素影响，柯桥区村庄间可利用建设用地多寡不均的现象普遍，宅基地"有偿选位"打破了农户获批宅基地后只能在本村建房的规定，不仅解决了用地紧张村庄农户的建房难题，还激活了沉睡的农村闲置土地。

【专栏 4-1】浙江省绍兴市探索宅基地资格权跨县配置

2022 年 6 月，柯桥区福全街道峡山村的 15 宗宅基地实现了跨区配置，总起拍价 520 万元，总成交价达 576.8 万元，单块宅基地最高溢价率达到 66.67%。该做法是对"探索宅基地有偿使用制度"的又一有益尝试，在利用市场手段盘活农村宅基地，让优质宅基地价值最大化的同时，充分保障了农民的知情权、参与权，满足了农民对改善住房条件的美好需求。一是强化资格审查。严格执行"一户一处、拆旧建新"原则，竞拍者必须是本村村民且符合建房条件，

---

① 参见《泸县农村村民建房审批管理暂行办法》（2017 年）第 14 条。
② 参见《大足区规范农村宅基地审批管理工作实施方案》（2020 年）第 2 条。

竞拍地块由村"两委"讨论决定并确定起拍价，地块竞拍前必须由规划、国土资源等部门审核确定可用于农房建设。二是强化公平竞争。竞拍需进入区农村产权交易系统公开招拍，竞拍现场由镇人大、纪委、城建、国土资源及村"两委"、村监委等人员共同监督，经镇农村产权交易中心审核，区农村产权交易信息化管理系统网上平台及村公开栏同步公告。三是强化拍后监管。认真执行先处置老屋再审批的制度，严格按户型标准予以审批，同时严格落实"四到场一公示"政策，并要求签订建房承诺书后才允许开工建设，坚决杜绝违建现象的发生。

放弃权主要指通过放弃宅基地申请资格，换取其他类型的住房和土地权益（国有土地使用权）或纯粹货币补偿和资格权权票。例如，在集体经济组织认可的前提下，进城农民在退出宅基地后仍保留原农村集体成员身份和宅基地资格权，并享有相关经济分配权益。农民退出宅基地后需返乡创业的，允许基于其集体成员权身份，通过公开竞价方式重新取得宅基地使用权，确保了农村集体成员权利的实现，保证了农村社会结构的稳定。农民自愿无偿退出宅基地后，其农户资格权（宅基地分配权）予以保留；而有偿退出或转让宅基地后，其农户资格权则不再保留。江西省余江区也对改革宅基地资格权进行了大胆尝试，丰富了农户资格权的实现形式。一是探索了宅基地退出"权证"制度。引导在城镇有稳定就业和生活的农民，退出宅基地或暂时放弃申请宅基地后，可进城购买政府优惠商品房，并且 15 年后可再次获得申请宅基地的资格。二是通过资格权参与集体收益。集体经济组织通过流转宅基地节余指标所获取的交易收益，按照合理的标准对资格权人予以经济补助。

（三）适度放活使用权权能，赋予农民更加充分的财产权益

放活宅基地使用权的核心是通过多种途径促进使用权流转，从而激活农民的房地财产权益。在现行法律框架下，因长期受宅基地使用权流转的限制，古民居产权流转不畅，给地方政府和工商资本介入保护与利用工作带来重重阻力。宅基地"三权分置"改革的实质性创新在于：在保障农户居住功能的底线思维下，逐步有序扩大宅基地产权结构的开放性，促进城乡人才、技术、资金等要素合法参与宅基地和农房的盘活利用，最大限度显化宅基地和农房的市场价值，这也是创新利用古民居重要的环节与路径。为此，本章第三部分重点阐释了这些具体的实现路径。

三　宅基地制度改革促进古民居活化利用的实现路径

农户对宅基地使用权享有使用、流转、互换、置换、退出、抵押等一系列权能，其中流转权能主要通过出租、转让和入股或联营等形式实现，在此过程中，古民居产权随同宅基地使用权权能的多种实现路径而得以流转利用（见图4-2）。

（一）出租

产权人将一定期限的古民居使用权让渡给承租人，基于"房地一体"的不可分离特性使得宅基地使用权也随之转移，承租人取得古民居和宅基地的租赁权。《中华人民共和国民法典》规定，租赁期限不得超过20年，超过20年的，超过部分无效。在实践中，租赁分为个人租赁和村集体统一租赁两种情形。个人租赁就是产权人将

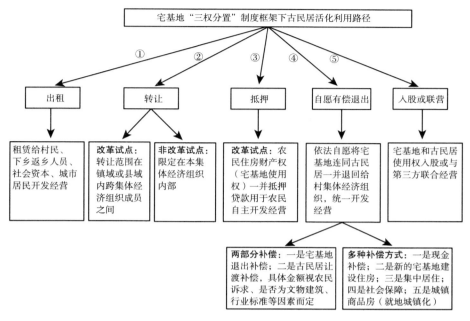

图 4-2　宅基地"三权分置"制度框架下古民居活化路径

自有的古民居租赁给其他个人、村集体或社会投资者，通过让渡一定期限的房、地使用权，一次性或分年度获取租金收益。村集体统一租赁是以村集体为媒介，产权人直接与村集体对接，通过村集体同第三方谈判、协商。在这一过程中，村集体可凭借议价优势保障村民利益不受损。

在 2015 年实施宅基地制度改革之前，由于宅基地使用权转让范围严格受限，古民居多以租赁方式进行流转。然而，古民居的改造利用往往需要投入大量资金，租期不超过 20 年的法律规定无法保障资本投入的回报周期，因此，租期短、投资风险大的出租方式并不是社会资本的首选，多为村民、城市居民等个体的选择方式。

（二）转让

转让是指宅基地使用权人将依法所得的宅基地使用权连同地上房屋产权，主动让渡给第三方的行为，即转让时宅基地使用权和房屋所有权一并转让，转让人永久性丧失宅基地上的全部权利。宅基地制度改革试点探索了突破本集体经济组织的界限，向本集体外的受让人进行转让，多限于镇域或县域范围内符合宅基地申请条件的其他集体经济组织成员。转让范围的适度扩大，破除了古民居局限在集体内部、在封闭的环境中流转的现状，有助于古民居在更广阔的农村地区达成交易。一些有经济条件、有利用需求的农民可以通过跨集体受让，获得古民居的所有权和宅基地使用权，对古民居建筑进行更好的保护和更高效的利用。但是在农村多元住房保障体系尚未健全的情况下，宅基地是农民基本居住保障的现实短期内难以改变，过大尺度的使用权流转可能带来不可控的社会风险，县域范围内集体成员间转让是当前的适宜尺度，未来当农村居民在城市也能够享有基本居住福利和社会保障时，再将转让范围有序扩大到城市居民。

【专栏4-2】浙江省义乌市宅基地使用权跨集体转让

2018年1月，义乌市出台的《义乌市农村宅基地使用权转让细则（试行）》规定，在不改变农房及宅基地居住用途的前提下，农户可以将宅基地使用权转让给本市内符合规定的其他集体经济组织成员，转让人不失去集体成员资格，受让人仍保留原集体经济组织成员资格。转让后使用年限最高为70年，期限届满后受让人可以优先续期。

（三）抵押

我国现行法禁止宅基地使用权抵押。《中华人民共和国民法典》第 399 条规定"宅基地、自留地、自留山等集体所有土地的使用权"属于"不得抵押"的财产。在"房地权利一体处分"原则之下，房地权利自当一体抵押，原《中华人民共和国物权法》规定："以建筑物抵押的，该建筑物占用范围内的建设用地使用权一并抵押。以建设用地使用权抵押的，该土地上的建筑物一并抵押。"农民住房所有权因这一"房地权利一体处分"原则而无法展开。在"依法试点"的基本政策之下，《全国人民代表大会常务委员会关于授权国务院在北京市大兴区等 232 个试点县（市、区）、天津市蓟县等 59 个试点县（市、区）行政区域分别暂时调整实施有关法律规定的决定》暂时调整实施了《中华人民共和国物权法》上关于宅基地使用权不得抵押的规定，农民住房财产权抵押贷款试点获得了合法性。就此，试点地区宅基地使用权抵押遵照"地随房走、一体处分"的规则，可附随农民住房财产权一并进行抵押融资。

现实中，一些具有经营能力的古民居产权人或通过流转获得古民居产权人、宅基地使用权人身份的人为了获取融资资金，将宅基地及古民居使用权、古民居所有权连同宅基地使用权一并向金融机构抵押以申请贷款，在未能偿付贷款时由金融机构以实现抵押权的方式取得房屋所有权。宅基地使用权抵押权的设立应经村集体经济组织同意，在农房抵押权实现时，本集体成员在同等条件下可优先取得房屋所有权，并取得宅基地使用权；如受让人为其他集体经济组织成员，则在取得房屋所有权的同时，也可以附随取得宅基地利用、使用权利，但不能等同于农户依身份资格初始取得之宅基地使用权。

【专栏 4-3】浙江省青田县古民居发展特色民宿

为解决古民居承租人融资难的问题，降低融资成本，青田县尝试了承租人可以通过租赁、转让等方式流转获得宅基地及房屋使用权，并申请办理"使用权流转证"，再以"使用权流转证"办理抵押贷款的融资形式。2018 年，青田县已发放 9 本宅基地及房屋使用权流转证书，农商银行受理 3 笔抵押申请，涉及金额 140 余万元，在一定程度上加大了金融对民宿经济、农家乐、乡村旅游等产业的支持力度，有效激活了宅基地及古民居使用权的财产和资本属性。

（四）自愿有偿退出

自愿有偿退出是指农户依法自愿将宅基地使用权连同房屋产权退出给村集体经济组织，农户由此获取相应的补偿。有偿退出应当坚持农户自愿、公平补偿的原则，补偿标准和方式由农户和集体自愿协商，补偿范围包括古民居及宅基地使用权两部分的价值评估。相较而言，自愿有偿退出方式的优势在于村集体经济组织同时拥有宅基地的所有权和使用权，即在宅基地使用权与所有权主体一致的情况下，村集体利用起来自主性强，可进行集体自行开发使用、调整入市或者合作经营等。集体自行开发使用一般指有良好的集体经济基础和经营能力的村集体经济组织将退回的宅基地和古民居作为集体经营性资产进行盘活利用；合作经营是村集体利用古民居及宅基地以出租、入股、联营等方式，与社会投资者合作发展乡村休闲旅游、养老等产业以及农村三次产业融合项目，这种方式在实践中较多。

根据现实中农户放弃原有宅基地产权权利的不同情景，宅基地退出分为完全退出、部分退出和异地置换三种。其中，完全退出是指农户离乡进城，完全放弃宅基地资格权和使用权；部分退出是指农户退出超宗或超面积宅基地，因而保留了资格权而退出了一部分使用权；异地置换则是农户搬离原有村组而另择位置集中居住，因而保留了资格权却让渡了原有宅基地的使用权。

【专栏 4-4】各地宅基地有偿退出差异化补偿方案

（1）天津市蓟州区宅基地有偿退出补偿标准。2019 年，蓟州区出台的《农民自愿有偿退出宅基地补偿安置实施方案（试行）》规定：按照自愿退出的合法有效的宅基地实际面积，以 30 万元/亩的标准，给予宅基地使用权人一次性经济补偿，对地上附着物不再另行补偿。同时，区政府为退出农户提供保障性住房。

（2）江苏省金湖县宅基地有偿退出补偿标准。根据金湖县2018 年农村宅基地有偿退出补偿标准相关规定，全家进城落户自愿退出宅基地的按照 1.19 万元/亩进行补偿；如果宅基地上的房屋属于新建，则砖木房屋按照 460~590 元/平方米补偿，砖混房屋按照 580~750 元/平方米补偿。

（3）福建省晋江市宅基地有偿退出补偿标准。晋江市宅基地退出探索了指标置换、货币补偿、借地退出三种方式。①指标置换指村民自愿有偿退出旧宅基地，结合村庄规划，村集体按照户均面积限额用宅基地指标或安置房进行置换，退出农户仍保留集体经济组织成员身份。②货币补偿指农民退出宅基地及其地上房屋、附属用房,村集体依照市场价格制定补偿标准进行补偿。③借地退出指农民将闲置宅基地无偿借给村集体作为公共配套设施用地,村民获得"宅基地借用凭证",作为将来发生征地拆迁时的补偿凭证。

(4) 湖北省枝江市宅基地有偿退出补偿标准。2016 年,枝江市宅基地有偿退出补助标准:①自愿退出唯一合法确权的宅基地且不再申请新宅基地的,按照土地征收补偿应付农民个人部分(一级地类补助 28688 元/亩,二级地类补助 27710 元/亩,三级地类补助 26080 元/亩)予以一次性补助;②退出多余合法确权宅基地的,按照①的 80% 予以补助;③使用人不是本集体经济组织成员,但是退出合法确权的宅基地的,按照①的 60% 予以补助。

(五) 入股或联营

入股是指农户或村集体以古民居及宅基地使用权投资入股或者联合社会投资者共同经营,农户或村集体保留房屋所有权和宅基地使用权,社会投资者取得一定期限的使用权,在期限内对古民居进行修缮经营,产生的收益按约定的股权份额进行分配,实现利益共享,期限届满后再将使用权返还至农户或村集体。这种方式的优势在于将产权人和经营开发者的利益相联结,让产权人主动参与古民居的活化利用活动,从开发经营收益中按比例直接提取收益可提高产权人积极性,认识到古民居的经济价值,进而提高对古民居的保护利用意识。

四 产权人（农户）和村干部对不同活化路径的偏好调查

对于上述不同活化路径，实际中产权人和村干部分别更偏好哪种呢？为此，本书利用 410 份产权人问卷和 20 份村干部问卷的调查数据予以分析。其中，受访产权人在宅基地制度视角下偏好的三种古民居活化方式是宅基地使用权入股或联营、宅基地使用权出租以及宅基地有偿退出。如图 4-3 所示，对于宅基地制度改革视角下产权人对古民居活化方式偏好来说，37.74% 的受访产权人偏好宅基地有偿退出，27.18% 的受访产权人偏好宅基地使用权出租，4.49% 的受访产权人偏好宅基地使用权转让，27.70% 的受访产权人偏好宅基地使用权入股或联营，1.85% 的受访产权人偏好农民住房财产权抵押（"房地一体"），1.06% 的受访产权人选择其他方式。

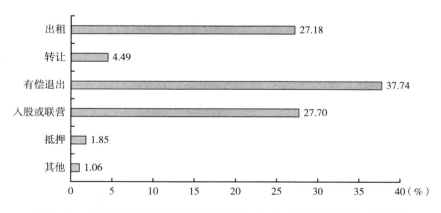

图 4-3 宅基地制度改革视角下产权人对古民居活化方式偏好

更进一步讲，对于宅基地和古民居退出的补偿方式选择，希望用自家古民居置换一块新宅基地用于自建新房（以旧换新）的产权人最多。如图 4-4 所示，通过退出原有宅基地和古民居，希望在村落附近换取一块新宅基地建造新房的受访产权人占比最高，达35.69%，希望换取农民公寓及配套设施者占 13.47%，希望换取城镇商品房及配套设施者占 22.55%，希望换取其他条件（如社会保障）者占 15.20%，希望获取现金补偿的比例最低，为 13.09%。由此可见，多数农民对村落的居住环境较为满意，在本村落内腾退古民居以改善住房条件的愿望和需求较为迫切。

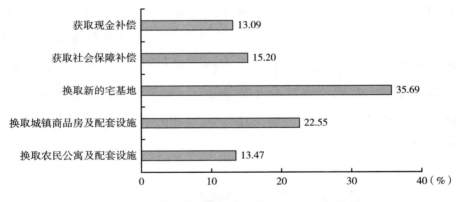

图 4-4　受访产权人对退出的补偿方式选择

然而，与受访产权人的偏好基本一致，受访村干部最认可的三种古民居活化方式依序是宅基地有偿退出、宅基地使用权入股或联营以及宅基地使用权出租。如图 4-5 所示，对于宅基地制度视角下本村落古民居的活化利用方式，近一半（48.39%）的受访村干部认可宅基地有偿退出方式（对"房、地"补偿），19.35% 的受访村干部认可宅基地使用权出租方式，9.68% 的受访村干部认可宅基地使用权转让方式，22.58% 的受访村干部认可宅基地使用权入股或联营方式，仅有 1.45% 受访村干部认可农民住房财产权抵押（"房地一体"）方式。这表明，多数村干部愿意将古民居从农民手中收归村集体经济组织统一规划开发。

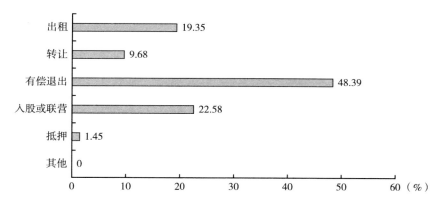

图 4-5　宅基地制度改革视角下村干部认可的古民居活化方式

第五章

宅基地制度改革对古民居
活化利用的影响与机理

　　基于宅基地制度改革对传统村落古民居活化利用影响的理论分析框架，本章转向对宅基地制度改革影响机制的实证检验。为提高检验结果的普遍性，本部分利用全国范围的大样本调查数据，运用倾向得分匹配（PSM）和中介分析法（MA），重点剖析了宅基地制度改革对农房闲置的减缓效应及影响机制，并比较了不同经济区域、地理区位及村庄规模下的组群差异，据此将研究结论运用到宅基地制度改革影响传统村落古民居活化利用的分析中，并揭示相关的作用机理。

一　理论分析与研究假说

　　从计划体制延续而来的宅基地制度在新型城镇化战略实施和乡村社会转型发展中遭遇了较大挑战，倒逼宅基地制度进行改革创新。虽然不少研究提出宅基地制度历史形成的特殊性和功能复杂性，使得宅基地制度改革本身及试点实践面临一些现实问题，包括宅基地有偿取得方式难以为继、宅基地保障维稳功能惯性阻力强、宅基地使用权流转受限制、住房财产权资产变现功能被束缚、地方财政土地收储压力大等。但是，多数研究肯定了宅基地制度改革取得的显著成效，这直接表现为扭转农村建房乱象、落实"一户一宅"制度、节约集约建设用地、促进乡村产业发展以及完善地方宅基地审批管理制度体系等方面；间接表现为夯实基层治理体系、加快农村民主化进程、推动城乡统筹发展等方面。"一子落而满盘活"，宅基地制度改革是农村综合改革的"牛鼻子"，以宅基地制度改革为突破口激活闲置农房资产效能具有现实需求和理论支撑。

随着乡村振兴战略的深入实施，农村新产业、新业态无法落地而大量农房闲置无法转让的矛盾越发凸显，促进闲置宅基地和农房盘活利用成为推进宅基地制度改革的重要任务。在实践中，部分地区积极推行宅基地制度改革，探索激活闲置农房价值的有效模式，如山东淄博"股份合作"（农户带房入社）模式、安徽庐阳"共享农房"模式、浙江义乌"宅基地置换"模式以及江西余江"有偿退出+产业融合发展"方式等。这些特色模式不仅唤醒了闲置农房和宅基地的资源功能和财产价值，而且对助推乡村产业兴旺、促进人才返乡创业、改善农村人居环境、推动农村文化繁荣以及提升乡村治理水平等都起到了积极作用，但与此同时，这些模式在操作中也存在诸如"房地一体"确权难度大、同质化现象严重（缺乏顶层设计与统一规划）、地方财政农房收储能力有限以及顶层政策制度不配套等问题，亟待在宅基地制度改革向纵深处探索中予以解决。

理论上，宅基地制度改革在权能扩展、取得制度、使用权流转、管理制度等方面实现的突破，对闲置农房的盘活利用发挥了积极作用。具体可从疏堵结合层面探析。

一方面，立足"疏"，重在源头预防。很多学者认为闲置宅基地和闲置农房的形成与农村宅基地管理制度不健全有关，主要体现在宅基地取得条件和程序、使用和利用方式、村庄规划和基层治理等方面缺乏明确的制度安排。宅基地取得与分配是宅基地制度的基础，长久以来，以集体经济组织成员资格无偿取得并无限期使用宅基地的福利分配制度在保障农民"住有所居"、维持农村社会稳定的同时，也造成了宅基地使用规模超标、利用效率低下，村庄用地布局混乱与无序扩张等问题。宅基地取得制度改革是在"一户一宅"框架下，尝试建立依法取得、定额使用、超标认缴、明确权属的取得规则。通过核定宅基地使用法定面积，从严审批农户使用宅基地建房申请，对申请宅基地超出标准部分须有偿取得，对因人口减少形成的超占面积也要缴纳有偿使用费，从源头上排除非法"一户多宅"（如建新不拆旧）、一宅超标占用等违规建房行为，可以防止日后闲置住房、旧房形成。由此，本书提出如下假说：

H1：宅基地制度改革通过严格规范宅基地取得方式，加强宅基地审批管理，能抑制闲置农房产生。

另一方面，立足"堵"，侧重事后干预。探索宅基地使用权放活的有效形式是激活闲置农房和宅基地的核心关节。很多研究认同当前对农村房屋空置和宅基地低效利用治理不力的症结在于宅基地使用权权能受限，阻碍了宅基地及地上房屋从单一居住功能向多元复合功能拓展。限定用途、内部流转的宅基地制度旨在维护农民基本居住权，但实践发展中这种使用权流转的有限性已经在很大程度上异化为农民财产权利实现的阻碍，使得闲置宅基地和农房沉积为"死资产"，资产价值减损严重。只有放开使用权流转，形成统一、公开的交易市场才能客观真实地体现农房的资产价值，稳定收益预期，激发流转潜能。宅基地使用权流转制度改革重在扩大使用权流转交易范围（如以县域为半径、以成员身份为基础的跨区域流转配置），探索多种对外流转方式（如赠与、继承、转让、出租、入股、抵押、置换等），提升宅基地流转价值，扩大宅基地流转需求，从而推动闲置农房盘活利用。基于此，本书提出以下假说：

H2：宅基地制度改革通过促进宅基地使用权流转，显化宅基地资产价值，减少闲置农房存量。

二　研究设计

（一）数据来源与样本特征

本书所用数据源自农业农村部农村合作经济指导司 2018 年 12 月至 2019 年 4 月组织的"全国闲置宅基地和闲置农房状况调查"。该调查采取多阶段分层随机抽样的方式，从全国 30 个省份随机选取 200 个县（市、区），再从每个县（市、区）中随机调查了 240 个行政村。剔除乱填、空白和严重缺答的废卷后，得到有效问卷 31288 份。受访行政村的基本特征如表 5-1 所示，从所处经济区域来看，东部、中部、西部及东北地区分别有 8951 个、9602 个、9510 个和 3225 个行政村。从地理区位来看，样本中包括 15644 个近郊村、10936 个中郊村和 4186 个远郊村。从村庄规模来看，特大型村有 17830 个，占到总样本的一半以上；大型村、中型村和小型村分别有 5060 个、4573 个和 1781 个。从是否开展宅基地制度改革来看，宅改村和非宅改村分别有 5364 个和 25924 个。

表 5-1　受访行政村的基本特征

单位：个，%

	项目	频数	占比		项目	频数	占比
经济区域	东部村庄	8951	28.608	村庄规模	特大型村	17830	60.970
	中部村庄	9602	30.689		大型村	5060	17.303
	西部村庄	9510	30.395		中型村	4573	15.637
	东北地区村庄	3225	10.307		小型村	1781	6.090
	合计	31288	100.000		合计	29244	100.000
	项目	频数	占比		项目	频数	占比
地理区位	近郊村	15644	50.848	宅改与否	宅改村	5364	17.144
	中郊村	10936	35.546		非宅改村	25924	82.856
	远郊村	4186	13.606		合计	31288	100.000
	合计	30766	100.000				

注：①受访行政村可按县村距离划分为近郊村（距县城 25 公里内）、中郊村（距县城 25~50 公里）和远郊村（距县城 50 公里外）三类；②根据《镇规划标准》，受访行政村可按村常住人口数划分为特大型村（大于 1000 人）、大型村（601~1000 人）、中型村（201~600 人）和小型村（200 人以内）四类。

（二）变量选取及描述性统计

（1）结果变量。根据研究内容的侧重和划分标准的差异，农房闲置程度的衡量指标也不尽相同。按照时间的长短，农房闲置可分为季节性闲置和常年闲置。其中，季节性闲置农房是指农户全家在外务工或经商，仅在春节等节假日回家，一年中闲置时间大于 6 个月的农房；常年闲置农房是指长期无人居住，闲置时间超过 1 年的农房。考虑到农房闲置程度有绝对与相对之别，本书基于村级调研内容设计了两类共 6 个指标作为结果变量：一是用于反映农房闲置的相对程度，包括农房季节性闲置率、常年闲置率和总闲置率；二是用于反映农房闲置的绝对程度，包括每百户农房季节性闲置数、常年闲置数及总闲置数。

（2）处理变量。本书最关注的是宅基地制度改革能否减缓行政村农房总闲置、季节性闲置以及常年闲置程度，而2015年以来实施的宅基地制度改革试点政策可视为"准自然实验"。为此，择定行政村是否为宅基地制度改革试点村作为处理变量。

（3）匹配变量。借鉴有关农房闲置成因和宅基地制度改革影响因素的既往研究，再按照所有能同时影响处理变量与结果变量的混杂因素都应纳入匹配变量范畴的原则，本书结合样本数据的结构特征，最终选取村人口净流出数、县村距离、多宅户比重、户均农房数、宅基地面积标准、宅基地确权、地形特征及村庄规划等8个变量作为倾向得分匹配的协变量。

（4）影响机制的中介变量。减缓农房闲置须"两手抓"，既要注重源头预防，一手抓"增量"控制，也应强调事后治理，一手抓"存量"削减。无独有偶，开展宅基地制度改革有助于强化新建农房管控并促进闲置宅基地使用权规范流转（"房地一体"松绑）。因此，选择宅基地取得和宅基地流转作为中介变量来探究宅基地制度改革对农房闲置程度的作用机理。

上述变量的赋值说明与样本均值差异检验如表5-2所示。为避免极端值或奇异值的干扰，本书对所涉及的连续变量均进行5%分位与95%分位的缩尾处理。

表5-2 变量赋值说明与样本均值差异检验

变量类型	变量名称	计算方法或赋值说明	处理组均值（A）	控制组均值（B）	差值（A-B）
结果变量	农房季节性闲置率	100%×农房季节性闲置数/村农房总数,%	7.920	11.157	-3.237***
	农房常年闲置率	100%×农房常年闲置数/村农房总数,%	3.696	4.403	-0.707***

续表

变量类型	变量名称	计算方法或赋值说明	处理组均值（A）	控制组均值（B）	差值（A-B）
结果变量	农房总闲置率	100%×（农房季节性闲置数+农房常年闲置数）/村农房总数，%	12.163	16.472	-4.309 ***
	每百户农房季节性闲置数	100×农房季节性闲置数/村户籍农户数，栋	8.263	11.347	-3.084 ***
	每百户农房常年闲置数	100×农房常年闲置数/村户籍农户数，栋	3.930	4.568	-0.638 ***
	每百户农房总闲置数	100×（农房季节性闲置数+农房常年闲置数）/村户籍农户数，栋	12.900	16.898	-3.998 ***
处理变量	是否为宅基地制度改革试点村	是否宅基地制度改革试点村，是=1，否=0	1	0	1
匹配变量	村人口净流出数	村户籍人口-村常住人口，人	211.739	325.708	113.968 ***
	县村距离	村庄与县城的距离，公里	23.015	27.205	-4.191 ***
	多宅户比重	100%×一户多宅的农户数/村户籍农户数，%	10.212	10.082	0.130
	户均农房数	村农房总数/村户籍农户数，栋	1.082	1.045	0.037 ***
	宅基地面积标准	各地农村宅基地面积规定的标准，平方米	204.618	193.299	11.319 ***
	宅基地确权	是否开展宅基地使用权确权，是=1，否=0	0.686	0.626	0.060 ***
	地形特征	山地=1，高原=2，丘陵=3，平原=4，盆地=5	3.555	3.030	-0.525 ***
	村庄规划	是否编制村庄规划，是=1，否=0	0.676	0.606	-0.070 ***
影响机制的中介变量	宅基地取得	2015年以来农户申请的宅基地是否获批，是=1，否=0	0.355	0.458	-0.103 ***
	宅基地流转	是否存在宅基地出租、出售等流转行为，是=1，否=0	0.238	0.141	-0.097 ***

注：***、**、* 分别表示估计结果在1%、5%、10%的水平下显著。

（三）　研究方法

1. 倾向得分匹配（PSM）

在经验研究中，选择性偏差[①]和混合性偏差[②]往往会严重干扰估计结果。对两个变量之间实际因果关系的推断，最理想的检验是采用完全控制协变量的随机实验方法。因此，在本书中最佳方法是通过比较处理组（宅改村）在开展与不开展宅基地制度改革时农房闲置程度之间的差异，进而揭示出宅基地制度改革对农房闲置的影响效应。但是，现实中我们无法观测到处理组在未开展宅基地制度改革情况下的闲置农房是否会减少，因为这是一种"反事实"。那么如何才能确定处理组与控制组（非宅改村）的农房闲置程度差异是由宅基地制度改革"干预"所致？Rosenbaum 和 Rubin（1983）提出的倾向得分匹配（PSM）是处理上述问题较为有效的计量工具，其基本思想是构建反事实框架，通过寻找与处理组相似的反事实控制组，使非随机数据近似随机化，以最大限度消除样本偏差。在寻找控制组的过程中，若存在多个可观测特征变量，将难以匹配，而 PSM 能克服此问题，可将多个特征变量降维成一维变量。假定 Y_1 为处理组的农房闲置程度指标，Y_0 为控制组的农房闲置程度指标，$Reform$ 为处理变量，则宅基地制度改革对农房闲置的因果影响，即处理组的平均处理效应（ATT）可表示为：

$$ATT = E_{[P(X)\,|\,Reform=1]} \{ E[Y_1 \mid Reform = 1, P(X)] - E[Y_0 \mid Reform = 0, P(X)] \}$$

$$(5-1)$$

PSM 的实施步骤一般包括设置协变量、估计倾向得分、选择匹

[①]　选择性偏差是指在选择研究对象时并非随机而是根据某种标准进行选取。

[②]　混合性偏差是指处理组和对照组不仅在干预因素方面存在差异而且在其他方面存在个体差异，致使无法通过直接比较两组结果来判断变量差异是否由干预所产生。

配方法、匹配效果检验、估计处理效应以及敏感性分析。其中，倾向得分通常使用 Logit 或 Probit 模型估计，相应地，行政村是否开展宅基地制度改革的决定方程设定如下：

$$PS(z) = Pr[Reform = 1 | X] = E[Reform | X] \qquad (5-2)$$

式（5-2）中 PS 为行政村开展宅基地制度改革的条件概率的拟合值（倾向得分）；X 为一组协变量。本书选用 k 近邻匹配、卡尺内 k 近邻匹配、半径（卡尺）匹配、核匹配和局部线性回归匹配，这五种方法对匹配质量和数量的侧重点不同，无明显优劣之别，其差异集中在估计量的一致性（Becker and Ichino，2002）。需说明的是，Abadie 等（2004）认为 k 设定为 4（即进行一对四匹配）可最小化均方误差；另经测算，卡尺范围设定为 0.07。

2. 中介分析法（MA）

该方法可探究变量之间影响的过程和作用机制，比单纯分析自变量对因变量影响的同类研究更先进且能得出更多、更深入的研究结果，因而被广泛应用于诸多领域。自 Baron 和 Kenny（1986）提出因果逐步回归检验法以来，中介分析法不断取得新进展，温忠麟和叶宝娟（2014）对此进行了系统梳理和总结。与以往的中介分析法不同（仅有中介效应），新近的中介分析法提出在自变量与因变量的关系中加入第三个变量进行分析会出现中介效应（mediation effect）、混淆效应（confounding effect）和遮掩效应（suppressing effect）三种机制（统称为"间接效应"）。中介效应与混淆效应变量均可减少自变量与因变量之间的总效应，区别在于中介效应变量处于自变量与因变量的因果链条上，混淆效应变量在两者之间不必然是因果关系；与前两种效应相反，遮掩效应会增加自变量与因变量之间的总效应，即控制遮掩效应变量后自变量对因变量的作用力会变大

（Mackinnon et al.，2000）。本书拟通过验证中介变量的影响效应，揭示宅基地制度改革对农房闲置的作用机理。下列回归方程描述了中介分析中各主要变量间的关系。

$$Y = \alpha_0 + \alpha_1 Reform + \sum \alpha_2 X + \varepsilon \qquad (5-3)$$

$$Mediator = \beta_0 + \beta_1 Reform + \sum \beta_2 X + \varepsilon \qquad (5-4)$$

$$Y = \gamma_0 + \gamma_1 Reform + \gamma_2 Mediator + \sum \gamma_3 X + \varepsilon \qquad (5-5)$$

在式（5-3）至式（5-5）中，Y 为农房闲置程度，$Mediator$ 为中介变量，ε 为随机扰动项。式（5-3）表示宅基地制度改革对农房闲置程度的总效应，式（5-4）表示宅基地制度改革对中介变量的影响效应，式（5-5）中的系数 γ_2 表示中介变量对农房闲置程度的直接效应。将式（5-4）代入式（5-5）可得到中介变量的间接效应 $\gamma_2 \beta_1$，即宅基地制度改革通过中介变量对农房闲置程度所产生的影响。

三　计量分析

（一）模型估计结果

1. 共同支撑域与 PSM 匹配结果分析

根据式（5-2）回归方程，可计算得出每个样本村开展宅基地制度改革的倾向得分[①]，作为匹配的基础。为确保 PSM 估计的效度，须进行共同支撑假设检验和条件独立假设检验。限于篇幅，仅以 k 近邻匹配法匹配的结果为例（见图 5-1），处理组和控制组的倾向得

---

① 为节省篇幅，采用 Logit 模型估计的相关分析结果未予展示，读者若感兴趣可与作者联系。

分具有较大重叠范围，且多数观察值在共同取值范围内，表明匹配质量较高，满足共同支撑假设。

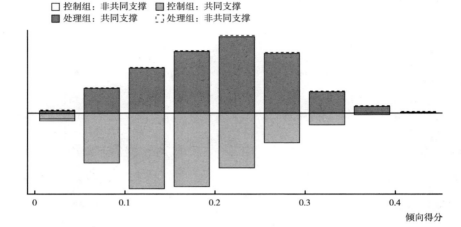

图 5-1　共同支撑假设检验

另如图 5-2 所示，匹配后处理组和控制组之间各协变量的整体标准偏差均在 10% 范围内，表明经过匹配后处理组和控制组在协变

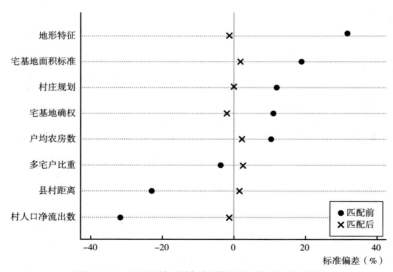

图 5-2　匹配前后协变量标准偏差的对比

量上的差异得以消除。此外，由 5 种不同匹配方法下样本的最大损失结果（见表 5-3）可知，处理组与控制组在损失 45 个样本后仍然保留了 11430 个匹配样本，表明匹配效果良好。

表 5-3　PSM 匹配结果

组别	未匹配样本	匹配样本	总计
控制组	39	9427	9466
处理组	6	2003	2009
总计	45	11430	11475

2. 平衡性检验

为确保倾向得分匹配结果的可靠性，我们检验了协变量的平衡性，即经过匹配后，控制组和处理组除在结果变量上存在差异外，在协变量上均无显著系统性差异。表 5-4 显示，在样本匹配后，解释变量的标准偏差从匹配前的 51.800% 减至匹配后的 4.500%~9.900%，总偏误显著降低且小于平衡性检验规定的 20% 红线标准，伪 R^2 从匹配前的 0.041 降至匹配后的 0.000~0.002，LR chi^2 由匹配前的 431.850 降至 2.060~9.900，这意味着 PSM 模型在匹配过程中满足了条件独立假设，可有效减少控制组和处理组之间解释变量分布的差异，并消除样本自选择导致的估计偏误。

表 5-4　倾向得分匹配前后解释变量平衡性检验结果

匹配方法	伪 R^2	LR chi^2	标准偏差（%）
匹配前	0.041	431.850	51.800
k 近邻匹配	0.000	2.450	4.900
卡尺内 k 近邻匹配	0.000	2.060	4.500
半径（卡尺）匹配	0.002	9.900	9.900
核匹配	0.000	2.200	4.700
局部线性回归匹配	0.001	7.660	8.700

3. 影响效应测算

测算宅基地制度改革对农房季节性闲置率、常年闲置率、总闲置率和每百户农房季节性闲置数、常年闲置数及总闲置数的平均处理效应。估计结果（见表 5-5）显示，运用 5 种不同方法匹配后所得计量结果基本一致，表明样本数据的稳健性良好。为便于实证分析，择定其算术平均值表征影响效应。

表 5-5 倾向得分匹配的平均处理效应

匹配方法	农房闲置率			每百户农房闲置数		
	总闲置率	季节性闲置率	常年闲置率	总闲置数	季节性闲置数	常年闲置数
k 近邻匹配（k=3）	-2.308*** (0.359)	-2.057*** (0.284)	-0.252** (0.129)	-2.389*** (0.371)	-2.109*** (0.291)	-0.280** (0.134)
卡尺内 k 近邻匹配（k=4，卡尺 = 0.07）	-2.314*** (0.348)	-2.026*** (0.274)	-0.288** (0.126)	-2.390*** (0.358)	-2.077*** (0.280)	-0.312** (0.130)
半径（卡尺）匹配（卡尺 = 0.07）	-2.416*** (0.307)	-2.118*** (0.240)	-0.299*** (0.112)	-2.474*** (0.316)	-2.164*** (0.245)	-0.311** (0.116)
核匹配	-2.276*** (0.309)	-2.004*** (0.241)	-0.271** (0.113)	-2.363*** (0.318)	-2.070*** (0.247)	-0.293** (0.117)
局部线性回归匹配	-2.290*** (0.442)	-2.052*** (0.350)	-0.238* (0.158)	-2.422*** (0.456)	-2.148*** (0.359)	-0.274* (0.166)
平均值	-2.321	-2.051	-0.270	-2.408	-2.114	-0.294

注： *** 、 ** 、 * 分别表示估计结果在 1%、5%、10%的水平下显著，括号内数字为标准误。

经倾向得分匹配的反事实估计后，宅基地制度改革负向显著影响农房总闲置率，影响的平均净效应为-2.321，表明在解决样本的选择性偏差和有偏估计后，开展宅基地制度改革会促使行政村农房总闲置率显著降低 2.321 个百分点。从农房季节性闲置率来看，处理组的平均处理效应为-2.051，表明在排除其他因素的影响下，开展宅基地制度改革会促使农房季节性闲置率显著降低 2.051 个百分点。从农房常年闲置率来看，处理组的平均处理效应为 -0.270，表明在不受其他因素的影响下，开展宅基地制度改革会促使农房常年闲置率显著降低 0.270 个百分点。此外，模型结果还表明，不论采用何种匹配方法，宅基地制度改革对农房季节性闲置率的减缓作用均大于对农房常年闲置率的减缓作用。

同理，宅基地制度改革对每百户农房总闲置数影响显著且方向为负，其平均净效应为 -2.408，说明在解决样本的选择性偏差和有偏估计后，开展宅基地制度改革会促使每百户农房总闲置数显著减少 2.408 栋。从每百户农房季节性闲置数来看，处理组的平均处理效应为 -2.114，表明在排除其他因素的影响下，开展宅基地制度改革会促使每百户农房季节性闲置数显著减少 2.114 栋。从每百户农房常年闲置数来看，处理组的平均处理效应为 -0.294，表明在不受其他因素的影响下，开展宅基地制度改革会促使每百户农房常年闲置数显著减少 0.294 栋。而且，前述匹配法估计的结果同样表明，宅基地制度改革对每百户农房季节性闲置数的减少作用均大于对每百户农房常年闲置数的减少作用。

4. 组群差异分析

事实上，即便在同一地区内部，不同类型行政村开展宅基地制度改革的情况也存在较大差异。前文虽选用处理组的平均处理效应测度宅基地制度改革对农房闲置程度影响的净效应，但无法反映样本村影响效应的结构性差异，即组群差异，而探讨不同类型行政村的组群差异有助于丰富宅基地制度改革盘活闲置农房资源的研究内容。本书基于表 5-1 在经济区域、地理区位和村庄规模层面的分组处理，检验宅基地制度改革对农房闲置程度影响平均处理效应的组群差异。基于 k 近邻匹配方法的估计结果见表 5-6。

表 5-6　宅基地制度改革对农房闲置程度影响
平均处理效应（ATT）的组群差异

变量	分类标准	农房闲置率			每百户农房闲置数		
		总闲置率	季节性闲置率	常年闲置率	总闲置数	季节性闲置数	常年闲置数
经济区域	东部村庄	−0.345 (0.578)	−0.399 (0.453)	0.054 (0.210)	−0.226 (0.626)	−0.281 (0.487)	0.056 (0.230)
	中部村庄	−2.177*** (0.753)	−1.842*** (0.593)	−0.336 (0.258)	−2.358*** (0.790)	−1.927*** (0.620)	−0.458 (0.273)
	西部村庄	−5.048*** (0.820)	−4.179*** (0.671)	−0.869*** (0.271)	−4.926*** (0.803)	−4.159*** (0.651)	−0.767*** (0.276)
	东北地区村庄	−0.873 (1.196)	−1.651* (0.933)	0.778 (0.515)	−0.834 (1.112)	−1.546* (0.872)	0.712 (0.477)
地理区位	近郊村	−1.903*** (0.475)	−1.674*** (0.367)	−0.229 (0.178)	−1.980*** (0.496)	−1.718*** (0.381)	−0.262 (0.186)
	中郊村	−2.414*** (0.604)	−2.249*** (0.480)	−0.165 (0.206)	−2.477*** (0.615)	−2.340*** (0.487)	−0.147 (0.213)
	远郊村	−1.023 (1.334)	−0.859 (1.131)	−0.165 (0.476)	−1.413 (1.303)	−1.085 (1.116)	−0.327 (0.441)
村庄规模	特大型村	−2.251*** (0.401)	−1.848*** (0.320)	−0.404*** (0.140)	−2.390*** (0.410)	−1.980*** (0.326)	−0.409*** (0.144)
	大型村	−1.969** (0.980)	−1.753 (0.759)	−0.216** (0.367)	−2.063** (1.014)	−1.782 (0.784)	−0.281** (0.376)
	中型村	−1.241 (1.327)	−0.552 (1.044)	−0.688 (0.497)	−1.163 (1.371)	−0.393 (1.085)	−0.770 (0.495)
	小型村	−4.921 (3.211)	−4.822** (2.380)	−0.099 (1.361)	−5.024 (3.515)	−4.951** (2.565)	−0.073 (1.513)

注：***、**、*分别表示估计结果在 1%、5%、10% 的水平下显著，括号内数字为标准误。其他 4 种匹配法的估计结果与 k 近邻匹配法的高度相近，故不予列示。

在经济区域层面，东部村庄的诸项农房闲置测度指标均无显著变化；中部村庄农房总闲置率、季节性闲置率分别显著下降 2.177 个百分点和 1.842 个百分点，每百户农房总闲置数、季节性闲置数分别显著减少 2.358 栋和 1.927 栋；西部村庄的农房总闲置率、季节性闲置率和常年闲置率依序显著下降 5.048 个百分点、4.179 个百分点和 0.869 个百分点，每百户农房总闲置数、季节性闲置数及常年闲置数依序显著减少 4.926 栋、4.159 栋和 0.767 栋，均高于全国及其他区域的平均变化幅度；东北地区村庄的农房季节性闲置率、每百户农房季节性闲置数分别显著下降 1.651 个百分点、减少 1.546 栋。这意味着宅基地制度改革既能减缓西部村庄的农房总闲置、季节性闲置以及常年闲置程度，也能减缓中部村庄的农房总闲置与季节性闲置程度，还能减缓东北地区村庄的农房季节性闲置程度，但对东部村庄的农房闲置程度无显著影响。不仅如此，相比东部村庄、中部村庄及东北地区村庄，宅基地制度改革对西部村庄农房闲置程度的减缓效应更大。

在地理区位层面，近郊村的农房总闲置率、季节性闲置率分别显著下降 1.903 个百分点、1.674 个百分点，每百户农房总闲置数、季节性闲置数分别显著减少 1.980 栋、1.718 栋；中郊村的农房总闲置率、季节性闲置率分别显著下降 2.414 个百分点、2.249 个百分点，每百户农房总闲置数和季节性闲置数分别显著减少 2.477 栋和 2.340 栋；远郊村的各项农房闲置测度指标均无显著变化。由此可见，宅基地制度改革能有效减缓近郊村和中郊村的农房总闲置与季节性闲置程度，但对远郊村的农房闲置程度影响不显著。而且相较之下，宅基地制度改革对中郊村农房闲置程度的减缓效应比对近郊村农房闲置程度的减缓效应更大。

在村庄规模层面，在控制其他影响因素不变的条件下，开展宅基地制度改革后，特大型村的农房总闲置率、季节性闲置率和常年闲置率依序显著下降 2.251 个百分点、1.848 个百分点和 0.404 个百分点，每百户农房总闲置数、季节性闲置数和常年闲置数依序显著减少 2.390 栋、1.980 栋和 0.409 栋；大型村的农房总闲置率、常年闲置率分别显著下降 1.969 个百分点、0.216 个百分点，每百户农房总闲置数、常年闲置数显著减少 2.063 栋、0.281 栋；而中型村农房闲置的所有测度指标变化均不显著；小型村的农房季节性闲置率、每百户农房季节性闲置数则分别显著下降 4.822 个百分点、减少 4.951 栋。以上说明宅基地制度改革不仅能减缓特大型村的农房总闲置、季节性闲置以及常年闲置程度，也能减缓大型村的农房总闲置与常年闲置程度，还能减缓小型村的农房季节性闲置程度，但对中型村的农房闲置程度无显著影响。此外，相比大型村、中型村及小型村，宅基地制度改革对特大型村农房闲置程度的减缓效应更大。

（二）影响机制探讨

以上研究着重聚焦宅基地制度改革能否减缓农房闲置及其作用大小，但宅基地制度改革如何减缓农房闲置更值得关注。根据前文式（5-3）至式（5-5）回归方程，应用索贝尔检验（sobel test）与自抽样检验（bootstrap test）分析结果如表 5-7 所示。

表 5-7　中介分析结果

影响路径	索贝尔检验				自抽样检验		
	间接效应	直接效应	总效应	中介效应占比或遮掩效应量	间接效应	95%的置信区间	
						上限	下限
Ⅰ宅基地制度改革→宅基地取得→农房总闲置率	-0.033** (0.015)	-2.695*** (0.376)	-2.728*** (0.376)	1.228%	-0.033** (0.015)	-0.063	-0.004

续表

影响路径	索贝尔检验				自抽样检验		
	间接效应	直接效应	总效应	中介效应占比或遮掩效应量	间接效应	95%的置信区间	
						上限	下限
Ⅱ宅基地制度改革→宅基地取得→农房季节性闲置率	-0.034*** （0.013）	-2.129*** （0.273）	-2.162*** （0.273）	1.556%	-0.034** （0.014）	-0.061	-0.006
Ⅲ宅基地制度改革→宅基地取得→农房常年闲置率	0.001 （0.004）	-0.339*** （0.121）	-0.338*** （0.121）	［0.003］	-0.001 （0.005）	-0.008	0.010
Ⅳ宅基地制度改革→宅基地取得→每百户农房总闲置数	-0.039** （0.017）	-3.035*** （0.397）	-3.075*** （0.397）	1.279%	-0.039** （0.017）	-0.073	-0.006
Ⅴ宅基地制度改革→宅基地取得→每百户农房季节性闲置数	-0.041*** （0.015）	-2.420*** （0.288）	-2.461*** （0.288）	1.681%	-0.041*** （0.015）	-0.071	-0.011
Ⅵ宅基地制度改革→宅基地取得→每百户农房常年闲置数	0.002 （0.004）	-0.422*** （0.128）	-0.420*** （0.128）	［0.005］	0.002 （0.005）	-0.007	0.011
Ⅶ宅基地制度改革→宅基地流转→农房总闲置率	-0.048* （0.040）	-2.659*** （0.379）	-2.707*** （0.377）	1.774%	-0.048* （0.043）	-0.132	-0.036
Ⅷ宅基地制度改革→宅基地流转→农房季节性闲置率	-0.072*** （0.033）	-2.075*** （0.276）	-2.147*** （0.392）	3.366%	-0.072*** （0.028）	-0.127	-0.018

续表

影响路径	索贝尔检验				自抽样检验		
	间接效应	直接效应	总效应	中介效应占比或遮掩效应量	间接效应	95%的置信区间	
						上限	下限
Ⅸ宅基地制度改革→宅基地流转→农房常年闲置率	0.021 (0.013)	-0.347*** (0.121)	-0.326*** (0.120)	[0.061]	0.021 (0.014)	-0.006	0.048
Ⅹ宅基地制度改革→宅基地流转→每百户农房总闲置数	-0.072* (0.042)	-2.935*** (0.399)	-3.006*** (0.397)	2.386%	-0.072* (0.040)	-0.154	-0.004
Ⅺ宅基地制度改革→宅基地流转→每百户农房季节性闲置数	-0.082*** (0.032)	-2.367*** (0.291)	-2.449*** (0.289)	3.350%	-0.082*** (0.029)	-0.138	-0.026
Ⅻ宅基地制度改革→宅基地流转→每百户农房常年闲置数	0.022 (0.014)	-0.421*** (0.128)	-0.399*** (0.127)	[0.052]	0.022 (0.013)	-0.004	0.048

注：***、**、*分别表示估计结果在1%、5%、10%的水平下显著。小括号内为标准误；中介效应或遮掩效应均是间接效应；中括号内为遮掩效应量，等于遮掩效应除以直接效应（取绝对值）；中介效应占比即中介效应占总效应的比例（%）；bootstrap的重复次数为1000；控制变量的估计结果予以省略。

在以宅基地取得为中介变量时，在路径Ⅰ、Ⅱ、Ⅳ和Ⅴ中，间接效应和直接效应在1%或5%的水平下显著且符号相同，其中，间接效应占比分别为1.228%、1.556%、1.279%和1.681%，这说明宅基地取得在宅基地制度改革与农房闲置的关系中发挥了部分中介作用，即从严管控、审批宅基地不仅有助于降低农房总闲置率和季节性闲置率，还能减少每百户农房总闲置数和季节性闲置数。以宅基地流转为中介变量时，在路径Ⅶ、Ⅷ、Ⅹ和Ⅺ中，间接效应和直接效应均显著（在1%或10%的水平下）且符号相同，相应的间接效应占总效应的比例依次为1.774%、3.366%、2.386%和3.350%，这说明宅基地流转在宅基地制度改革与农房闲置的关系中同样发挥了部分中介作用，即促进宅基地流转既可降低农房总闲置率和季节性闲置率，也能减少每百户农房总闲置数和季节性闲置数。

反观路径Ⅲ、Ⅵ和路径Ⅸ、Ⅻ，尽管间接效应与直接效应的符号相反，总效应小于直接效应，且95%的置信区间包含0，但间接效应均不显著。根据既有研究的相关解释框架，前述结果表明宅基地取得或宅基地流转在宅基地制度改革与农房常年闲置之间既不存在"中介效应"也不存在"遮掩效应"，究其原因可能在于农房常年闲置既无助于申请宅基地建新房（"一户一宅"政策限制），也因年久失修、存在一定安全隐患而不利于"房地一体"流转（出租、转让或入股等）。

四　结果讨论

上述研究结果显示宅基地制度改革能有效减缓农房闲置程度，而且对季节性闲置农房的盘活效力大于对常年闲置农房的盘活效力，不仅使行政村农房总闲置率、季节性闲置率和常年闲置率分别净下降2.321个百分点、2.051个百分点和0.270个百分点，也使每百户农房总闲置数、季节性闲置数、常年闲置数依序净减少2.408栋、2.114栋和0.294栋。相比其他不同类型村庄，宅基地制度改革对特大型村、中郊村及西部村庄农房闲置程度的减缓效应更大且显著。宅基地取得和流转在宅基地制度改革与农房闲置之间均发挥了部分中介作用，有助于减缓农房总闲置和季节性闲置程度。

这就表明了农房闲置并非局部地区的特殊现象，而是广大农村地区的普遍性问题，盘活利用好闲置农房势必关乎乡村振兴战略的整体效果和预期目标。因此，一要明确主攻方向、突出重点，优先在特大型村、中郊村以及西部村庄开展宅基地制度改革试点，打造一批闲置农房盘活的亮点村，为提高改革整体效能树立典型示范。二要坚持差异化、精细化、精准化的思维，不搞"一刀切"，分类施策，即根据农房季节性闲置与常年闲置特征，分别建立不同的盘活利用机制，以最大限度提高闲置农房利用率和增加农民财产性收入。三要完善宅基地审批制度，规范审批行为，杜绝非法"一户多宅"（如建新未拆旧的"一户多宅"）造成的农房闲置现象。四要健全宅基地流转制度，培育、发展宅基地流转市场（搭建交易平台），在合理设置放活条件的基础上，允许宅基地使用权通过其上农房的租赁、转让、入股等方式流转，拓宽闲置农房盘活利用渠道。

第六章

宅基地制度改革促进传统村落古民居
活化利用的模式与效应

随着乡村振兴战略全面推进，传统村落的基础设施和公共服务状况得到极大改善，村民对开发利用古民居的愿望也越发强烈。为承接前述章节的核心内容，本章拟在对比分析现行古民居保护利用政策法规实施效果的基础上，提炼、归纳宅基地制度改革推进古民居活化利用的主要模式，并基于村干部与产权人调查数据评估前者对后者的影响效应。

一　现行古民居保护利用政策的效果评价

近年来，国家逐渐重视乡村文化遗产的保护与传承工作，对传统民居的保护力度也随之加大，但与产权人、村干部的心理预期与要求尚有一定差距。据本书调查，受访产权人对古民居保护性政策法规及其监管力度的认可度总体不高，而持中性评价者最多，持正反面评价者人数相近。如图6-1所示，在所有受访产权人中，

认为古民居的保护性政策法规及其监管力度差者占 32.69% (包括
"非常差"和"比较差"两类), 认为一般者占 39.42%, 认为保
护性政策法规及其监管力度好者占 27.89% (包括"比较好"和
"非常好"两类), 低于前两种评价。这表明当前古民居的保护政
策有待健全、监管力度亟待加大。

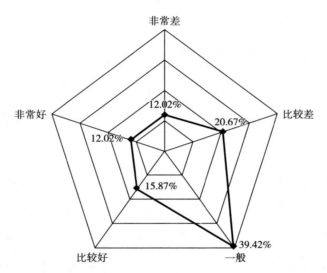

图 6-1　产权人对古民居保护性政策法规及其监管力度的评价

与之类似, 受访产权人对古民居活化利用政策及其落实力度的
认可度总体也不高, 且持中性评价者同样最多。如图 6-2 所示, 受
访产权人中认为目前古民居的活化利用政策及其落实力度差者占
35.92% (包括"非常差"和"比较差"两类), 认为一般者占
37.86%, 认为活化利用政策及其监管力度好者仅占 26.21% (包括
"比较好"和"非常好"两类)。这说明今后古民居的活化利用政策
亟待完善、落实力度亟待加大。

另外, 从村干部反映情况来看, 不足五成的村干部对本村古民
居利用现状表示满意。本书调查显示, 对本村古民居利用现状表

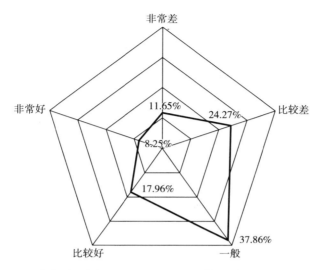

图 6-2　产权人对古民居活化利用政策及其落实力度的评价

示"非常满意"和"比较满意"的村干部分别占 30.77% 和 15.38%，二者合计为 46.15%；表示"一般"的占 23.08%，表示"不满意"的占 30.77%。

　　上述从微观视角反映了产权人和村干部对现行古民居保护利用政策法规实施效果的总体认可度并不高。那么，宅基地制度改革试点对古民居活化利用的影响，又有怎样的模式和成效呢？理论上，宅基地制度改革从赋予宅基地产权主体完整处分权和收益权、适度突破使用权流转范围和方式、拓展宅基地（地上房屋）使用权经营性用途等方面促进宅基地使用权流转，也为激活古民居经济价值和文化价值带来新机遇。基于此，部分宅基地制度改革试点地区，结合当地实际，对宅基地使用权流转和古民居利用方式进行了探索与尝试，为构建古民居保护与利用的长效互促机制奠定了实践基础。

二 宅基地制度改革促进古民居活化利用的
理论与模式

（一）理论逻辑

传统村落是一个动态发展的复杂系统，对古民居活化利用的实质是各种要素在城乡之间的合理流动与有效配置，其目标是在解决好保护民居建筑原态与满足原住民对现代生活向往之间矛盾的前提下，依托独特的建筑风貌和民俗文化资源，实现多元主体、古民居、土地等要素互促发展，形成古民居保护利用的长效机制。据此，基于房、地、人三位联动的研究框架，提出宅基地制度改革促进古民居活化利用的理论逻辑（见图6-3）：宅基地制度改革打破了宅基地使用权权能受限的"坚冰"，赋予了农民更多的使用、处分和收益权，并通过自主经营、出租、入股、有偿退出及"征收+挂牌出让"等多种途径得以落实，与此同时，古民居也经由这些宅基地财产权的实现路径转向回报率高的利益主体，因地制宜地采用适合村落实际的保护利用模式，最终通过激活古民居的文化、经济价值且增加农民财产性收入达到活化利用的目的。本部分基于传统村落各具特色的古民居保护利用实践，总结了三种典型模式，进而从古民居利用模式（房）、宅基地盘活形式（地）和参与主体组织方式（人）三位联动视角进行深度剖析，揭示这些典型模式的特点与适用性，为不同发展条件的传统村落选择适宜的古民居活化利用方式提供参考。

此外，对于古民居的保护利用实践，还应从居住功能是否延续、经济文化价值开发程度两个维度进行判别。从居住功能是否延续来

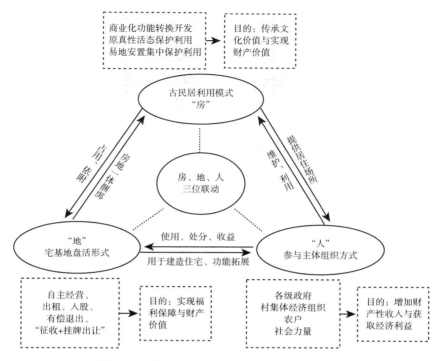

图 6-3　房、地、人三位联动的理论逻辑

看，古民居可以在维持原址上居民生活功能的同时进行保护和利用，也可以采取原住民搬离古民居进行易地安置，而将整个村落的古民居集中规划利用的方式。从古民居与整体环境协调的角度而言，原址原态保护利用无疑是最理想的选择。但是，考虑到诸多因素制约，适当的移民搬迁，比维持原态更有利于村落及其民居建筑的保护利用。例如，有些古村落位于生态环境恶劣、自然条件低劣等不具备生存条件和地质灾害高发地区，农民通过易地扶贫搬迁政策搬离了原村落。从经济文化价值开发程度来看，古民居毁损严重，无法维持居住功能而闲置的情况属于利用程度最低；古民居能维持居住功能，但因缺乏修缮提升而无法实现其经济、文化价值，这种情况下的利用程度一般；而古民居通过改造升级，发展文化展示、民俗体验、民居客栈、民俗餐厅、电子商务、康养产业、文创产业等多种业态，则是实现了更高程度的挖掘利用。

（二）模式归纳

1. 商业化功能转换开发模式：基于宅基地有偿退出、集中流转、入股经营等多种形式

（1）"房"：古民居利用模式。商业化功能转换开发模式指传统村落中的大部分或全部古民居由农村集体经济组织或引入社会资本进行整体性旅游开发，古民居不再是农户日常居住生活的场所，而是按照"修旧如旧"原则改造用于特色民宿、餐饮、民俗体验、文创营销等经营性活动或少量用作文化展示馆等公益性场所，以获取经济利益为主要目的，居民原始的生活形态已发生很大改变，基本被现代化生活方式所取代，一些原住民参与到服务经营活动中，获取相关收益。

（2）"地"：宅基地盘活形式。①吉林省梅河口市湾龙沟村（见图 6-4）朝鲜族建筑群：村集体主导+集中流转使用+农户参与。梅河口市是宅基地制度改革试点地区，其市内湾龙镇湾龙沟村朝鲜族建筑群采取以村集体为主导的宅基地和古民居集中流转利用的路径。

湾龙镇湾龙沟村系朝鲜族村，位于湾龙镇东部，距梅河口市区 13 公里，面积 8 平方公里。全村共有 7 个自然屯 13 个村民小组 511 户农户，总人口 1628 人。耕地面积 5800 亩，其中水田 5400 亩，旱田 400 亩。现有宅基地 326 宗 136.12 亩。湾龙沟村大多数村民常年出国打工，截至 2022 年底村内有闲置宅基地 217 宗、闲置住房超过 1 年的有 207 栋。由于大部分房屋是典型朝鲜族建筑，建筑

完好，村委会与户主签订租赁协议，对闲置房屋进行特色民宿改造，建设了湾龙沟朝鲜族民俗村，取得改善村庄人居环境、保护民族文化、发展民俗产业、增加村集体和农民收入等多重实效。其主要做法如下。

一是统一流转闲置住宅。由村委会和闲置住宅的村民协商签订租赁合同，共流转村民住宅 32 套，根据村民意愿，将租赁使用期限设置为 10 年和 20 年两种，平均每户村民每年可获得 2500 元的租金收入。二是培育盘活主体。村委会统一进行招商，由第三方公司进行实际经营。通过招标，村委会、镇政府与运营公司——梅河口市和天下餐饮有限责任公司签订三方协议，将建设好的整个民俗村以租赁的方式交给运营方经营，租期为 19 年。除租金以外，运营方还按利润的一定比例给村民分红。三是打造朝鲜族特色民宿。修缮改造具有朝鲜族民俗特色的民宿 32 间，其中翻建 11 间、维修改造 21 间，预建客房 5 种户型 26 个房间。同时，临街建成朝鲜族特色餐饮、民俗购物商场、特产店、接待室等。四是美化村庄环境。村内安装了路灯、景观灯，悬挂朝鲜族特色灯笼，绿化带安装草坪灯，木质栈道进行亮化装饰；村内建有音乐娱乐广场，用于朝鲜民族艺术表演。对农家院落进行绿化与设施配套，按照村庄整体环境搭配具有朝鲜族特色的树木、花卉、石板路、磨盘。

通过打造朝鲜族民俗村，让村民年久失修、空置多年的房屋得到修缮，提升了房屋增值空间，大约每平方米升值 2000 元。项目在修建过程中和建成后，也给周边村民带来了就业机会，提高了村民收入水平，改善了乡村治理水平。

②山西省泽州县大阳古镇（见图 6-5）明清古建筑：村集体集中收储+旅游公司统一开发+农户参与。泽州县是宅基地制度改革试

图 6-4 吉林省梅河口市湾龙沟村

点地区，大阳古镇的东街村和西街村这两个传统村落主要采用了宅基地和古民居"出租+有偿退出"的形式。

自 2017 年以来，泽州县承担了全国农村宅基地制度改革和山西省闲置凋敝宅基地整治盘活利用试点，包括大阳镇在内的 7 个乡镇 17 个村进行了宅基地试点退出整治，共退出宅基地 496 户，整治复垦土地 503 亩。[①] 大阳古镇位于晋东南地区泽州县西北部，是一座有着 2600 多年历史的古镇。其 2008 年被住房和城乡建设部、国家文物局授予"中国历史文化名镇"称号；2011 年被文化部授予"中国民间文化艺术之乡"称号；2013 年，大阳古镇的东街村和西街村同时被列入第二批中国传统村落名录。大阳古镇现有国保 1 处、市保 17 处、县保 5 处，省级非遗 6 项、县级非遗 4 项，明清古建筑群约

---

① "山西新闻网"百家号：《宅基地有偿退出怎么退——关于泽州县宅基地制度改革试点的调查》，https：//baijiahao.baidu.com/s？id＝1600405911670158600&wfr＝spider&for＝pc。

34万平方米、古院落800余处，以出仕为官或经商聚财的张、王、裴、关、段、赵等大家族院落为代表，其历史之悠久、规模之宏大、保存之完好，实属罕见，具有很高的历史、科学和艺术价值。

大阳古镇内的民居多建于明清时期，以四合院为主，也有少数三合院以及富含风水理论的九宫八卦式院落，且大都是官宦院落，院落紧密相连、错落有致，所留空间缝隙狭小，更加注重布局和防御，主要包括张家大院、裴家大院、王家大院等大型家族院落群以及段家大院、赵知府院、常家大院、闫家棋盘院等中小型院落群。大阳古镇的非物质文化遗产资源也较为丰富，有"大阳出了三斗三升芝麻官"的大阳仕官文化、"打铁花"的大阳传统手工文化，被誉为"九州针都"，还有八音会、二鬼扳跌、上党梆子及数量众多的人物传记历史传说等，充分体现了晋东南传统村落的文化特点。

2015年，大阳镇政府联合社会资本成立了山西大阳古镇旅游开发股份有限公司，于2016年开始实施旅游开发的"乌镇模式"。目前，大阳古镇已初步建成集古民居建筑参观、传统手工艺展示、历史文化展览、民俗体验于一体的综合性旅游传统村落，主要通过打造五里老街、复原经典明清住宅、恢复古村镇生活场景、再现各类作坊工艺，实现古民居和传统文化的活化。为了盘活农民拥有自主产权的古民居、增加农民收入，大阳古镇结合宅基地制度改革，探索出如下多种利用方式。

一是受损严重的古民居及闲置凋敝宅基地有偿退出或置换。在坚持农户自愿、"一户一宅"、面积法定的原则下，针对受损严重的古民居及宅基地实施有偿退出，通过房屋置换和现金两种方式对产权人进行补偿安置，其中，房屋按面积1：0.4～1：0.8进行置换，另外再按青砖瓦房960元/平方米、老旧破房1600元/间的标准一次性给予现金补偿，涉及民居类文物建筑的则由地方文物部门根据保护等级进行专业评估后出具补偿方案。村集体经济组织将退出收储的古民居以平均 6 元/（平方米·年）的价格统一租赁给山西大阳古镇旅游开发股份有限公司，租赁期限为 20 年，到期后可实现 792 万元的收益。

二是临街商铺使用权流转入股。大阳村集体经济组织以 1000 元/（间·年）的价格，从 209 户农民手中集中流转 537 间古民居，统一租赁给山西大阳古镇旅游开发股份有限公司，公司按照明清建筑风貌特色修葺后经营民宿、特色餐饮、文创产品销售、民俗文化体验等业态。除租金收入以外，农户还可以按照每年经营收益的 10% 参与分红，实现闲置宅基地和古民居资产的保值增值。

图 6-5 山西省泽州县大阳古镇

③浙江省松阳县平田村（见图 6-6）"拯救老屋行动"：乡贤带动+旅游公司开发+农户参与。松阳县虽不是宅基地制度改革试点，但与宅改试点地区义乌市近邻，也实践了部分宅基地制度改革试点

内容。从传统村落平田村开展的"拯救老屋行动"来看，主要采用了宅基地和古民居"出租+入股"的形式。

平田村位于松阳县四都乡，群山环抱，海拔600余米，水汽充沛，云雾缭绕，村落的古民居呈阶梯式层层铺开，因此得名"云上平田"。平田村至今还保留着原有的建筑，村落建筑及周边环境有300多年历史，除一幢砖混结构建筑外，其余建筑均为传统民居，风貌保持良好。尽管平田村有着梦幻般的景致，但与许多传统村落一样，都面临老房子看起来很美，但住下来很难的问题。随着村落里一半的农民搬到了县城，年久失修的老房子逐渐腐朽。

2014年，该村新乡贤出资成立松阳县云上平田农业旅游开发有限公司（现更名为浙江云上平田乡村旅游发展有限公司），从村民处租赁收购28栋闲置房及危房，并引进清华大学、香港大学等四所大学专家教授对部分老屋进行改造，分别改造成了文化公共区域、农耕馆、展览馆、艺术家工作室、四合院餐厅、爷爷家青年旅舍、精品民宿木香草堂、归云居等11个休闲区和功能区。2016年，松阳县启动"拯救老屋行动"项目，平田村抓住这一机遇，进一步对全村的传统民居进行了保护性开发。平田村实施这一模式的具体程序是农民提出申请后，由县名城古村老屋办组织专家会审，重点审核所在地是否属于传统村落或历史文化村落、是否符合当地的建筑风貌以及自然风貌等条件，然后再由建设规划部门进行规划审定，最后由所在乡镇联合有关部门组织验收。松阳县云上平田农业旅游开发有限公司采取向原房屋产权人租赁（租期20年）或参股的合作形式，产权人可获得前10年每年600~2880元的租金，后10年租金翻倍或者享受10%的利润分红两种方式。自2015年公司对外营业以来，已接待参观考察游客超过20万人次，房间平均入住率为60%~

70%，营业收入有 200 多万元。

平田村通过旅游开发公司将零星的农民自有闲置民居租赁改造，实现了"分散点状式"开发利用，其最大优势在于经营方式灵活、项目规模小、业态丰富多样，旅游资源开发较为充分。与此同时，通过传统民居的改造示范，也让老百姓逐渐认识到传统民居的价值所在，并吸引年轻人回村创业实现增收致富。

图 6-6　浙江省松阳县平田村

（3）"人"：参与主体组织方式。政府、村集体经济组织、农户和社会力量是宅基地盘活、古民居利用的重要参与主体，它们之间的交互关系和融合逻辑往往决定着不同发展模式的成败，是决定不同发展模式能否持续的关键因素。在实际运行中，无论哪种主体占据主导地位，不同主体之间依据传统村落和古民居的禀赋特点，能够形成和谐互动共存的关系就是适宜的模式。对于商业化功能转换开发模式而言，一般由专业的旅游开发公司主导运作，政府、村集体经济组织负责组织带动，农户配合参与。其中，旅游开发公司主要负责项目选择、投资、改造、运营和后续管理等事项；当地政府和村集体经济组织发挥组织动员的功能，充当宅基地和古民居集中收储、流转的中介，将农户与旅游开发公司联结起来，避免多个农户与旅游开发公司间的零散流转，扩大议价空间；而原来的居民投入古民居、宅基地、劳动等要素。三者间建立了较为高效的合作关系。

2. 原真性活态保护利用模式：基于宅基地出租、入股多用途流转与经营等形式

（1）"房"：古民居利用模式。原真性活态保护利用是一种整体性保护与利用模式，注重传统村落整体风貌的保护，将古民居及其周边生态、人文和设施环境视作完整的系统，除了保护古民居本体以外，还要保护村落中的山形水系、道路桥梁、绿化植被等空间格局与自然生态环境。在延续大部分民居建筑居住功能和保持传统鲜活的起居形态基础上，通过适度、有限的设施提升来解决古民居不适应现代生活的矛盾，所以它不是限制古民居改造再利用，而是在大量的保存和少量的改造基础上，对村落内人居环境和基础设施开展综合整治，充分挖掘传统建筑风格和乡土技艺，更新传统村落的风貌和人们生活方式，具有活态性、可持续性。这种模式主要适用于保护价值较高的列入文物保护单位的古建筑群或欠发达地区整体保存相对完整的村落。

（2）"地"：宅基地盘活形式。①云南省大理市喜洲镇（见图6-7）白族古建筑群：农户自主利用+政府服务+社会力量补充。大理市是宅基地制度改革试点地区，喜洲镇白族古建筑群主要采用了宅基地和古民居"出租+入股+有偿退出"形式。

喜洲镇是拥有1000多年历史的古镇，古镇内完整保存了从明代至

民国时期的 110 多个白族民居院落，具有极高的历史、文化、建筑、艺术和社会价值。喜洲白族古建筑群 2001 年 6 月被国务院列为第五批全国重点文物保护单位，包含严家大院、董家大院和杨品相宅 3 个国家级文保单位，还有 12 处一般文保单位、47 处市人民政府挂牌保护的历史建筑，保护状况较好的传统建筑共有 90 处。2016 年 10 月，喜洲镇入选国家级特色小镇；2019 年 9 月，入选云南省特色小镇。相关项目奖补资金的注入，让喜洲镇的基础设施、整体环境都得到了大幅改善。在宅基地制度改革试点的推动下，大理市政府出台了一系列政策，对宅基地使用权的多用途运营进行规范管理，在保障权利人宅基地财产经营权的同时，也通过改造提升村落风貌、收取宅基地经营收益调节金（按每年每平方米 20 元的标准）等方式，保障了村民的公共利益，给白族民居建筑群的活化利用提供了政策支持和引导。

喜洲镇首先摸清白族民居院落的底数，掌握每一院的产权、现状、建筑价值特色、历史内涵等情况，并整理成档，做好基础性工作。然后，按照"保护名居、引导在建、规范未建、改造老建、打击违建"的总体思路，既重视原住民的生活风貌，保留历史的原汁原味，避免"空心化"，保证历史文化街区内居民生活的真实性，又从整体协调性综合考虑，避免"同质化"，争取做到"一院一精品一典范"，采取喜绣坊民俗博物馆、精品酒店、文化民宿、民居参观、民间传统工艺坊和非遗展示体验等形式对白族民居文化遗产的可持续发展进行了有益探索。

喜洲镇根据每个院落的不同特点，制定了"一院一策"方案：一是农户自主经营。原住民在民居院落里保持传统生产和生活方式的同时，经营古法扎染、泥塑、木雕、甲马等传统乡土技艺，传播白族文化。二是对外出租运营。产权人将院落租赁给外来经营者，租期一般为 20 年，由经营者对院落投资修缮后开发利用，如喜绣坊民俗博物馆、"甲科第"文化民宿、"杨焕南宅第"文化展示客厅、"喜林苑"精品酒店。三是入股合作开发。产权人以宅基地及民居院落的使用权入股，与社会资本开展合作修缮与经营，双方依据约定份额进行收益分红。四是局部空间有偿退出。喜洲镇白族民居大院绝大多数为私人产权，且大多产权复杂，一院多户现象十分常见。有的一个大宅院里面住着七八户人家，大宅院也是大杂院。针对这些民居宅院产权复杂、一院多户现象，鼓励占有空间少的部分产权人自愿有偿退出宅院，降低院落人口密度，合理调整建筑空间使用方式，改善留下居民的生活条件。

图 6-7　云南省大理市喜洲镇

②浙江省松阳县吴弄村集中连片古民居（见图 6-8）：农户自主利用+政府服务+村集体统一规划+社会力量补充。松阳县是全国传统村落保护发展示范县，也是首批实施"拯救老屋行动"整县推进

试点县。尽管松阳县不是宅基地制度改革试点，但为破解乡村产业发展的用地难题，在现行法律法规政策框架下，其对乡村土地供应方式做了大胆突破与尝试，吴弄村主要采用了宅基地使用权"有偿退出+入股+置换"的形式。

吴弄村位于浙江省松阳县望松街道，有 600 余年历史，村中粉墙黛瓦相连，古道弯曲幽静，连绵成片的古民居与周边古道、古树、古井、溪流、竹园、学堂、农田和谐共生，融为一体，村庄格局经历几百年沧桑依然保持原貌。因独特的建筑布局与丰富的文化遗存，吴弄村被国家公布为第二批中国传统村落，是浙江省历史文化名村。"村如一幢房，房是一个村。"吴弄村内的古民居多为三合院落和四合院落，均为封闭式的庭院建筑，具有典型的浙派建筑和徽派建筑风格，其中以 13 幢呈块状聚居的、清末民初的古民居群最具特色。但由于年久失修，村里破旧的瓦房和保存完整的古宅混杂成片，有的几乎成危房，破旧房改造势在必行。

为了保持整村的古村风貌，吴弄村制定了拆除旧房与保护古宅并重的改造方案，把具有历史文化特色的古民居修缮保存，而将普通的破旧房屋进行拆除，重新规划用于村民建设新房。一是坚持规划引领。吴弄村规划了新区和古民居群落保护区两大区块，既可以更好保护古宅，又让新村有足够的发展空间。二是村集体引导农户有偿退出古民居进行统一修缮利用。吴弄村坚持"一户一宅"原则，村集体在审批新宅基地的同时收回农民原有的房屋及宅基地使用权。本书调查统计，全村共审批农民建新房 42 户，面积为 4035 平方米，收回农民原有的房屋土地使用权 31 宗，面积为 2233 平方米。村委会将收回的古民居修缮后，由村集体统一出租、修缮使用或开发经营。三是采取灵活多样的补偿方式。村集体根据农户实际需求，对

13 幢连片的古建筑群设置了多样化补偿方式，包括利润分红、一次性买断、土地置换等。其中，对 8 幢总面积约 2000 平方米的古民居，采取产权人以房屋产权入股，村集体以现金投入修缮、经营入股的方式，村委会掌握控股权，占 60% 股份，产权人占 40% 股份，所得收益与原住民按股权比例 6：4 分配；对 1 幢古民居一次性买断，面积约 300 平方米，每平方米约 500 元；对 4 幢总面积约 300 平方米的古民居实行宅基地"一调一"置换，即按照 1：1 将旧区宅基地使用权退回集体，在新区取得同等面积宅基地的使用权。通过这些不同的方式，古民居得到了修缮，并用于发展乡村旅游。

图 6-8　浙江省松阳县吴弄村

（3）"人"：参与主体组织方式。喜洲镇和平田村的活态保护利用模式以农户自主利用为主，农户作为古民居产权人，表现出较强的保护意识与利用能力，各级政府和村集体经济组织作为"看得见的手"，在完善村落设施环境、提供公共服务、招商引资、规范市场主体行为、促进收入分配公平等方面发挥协调服务功能，而社会力量作为有力补充，可以弥补农户在资金、技术等要素方面的投入不足，对修缮难度大、耗资多的古民居进行开发利用，由此不同主体在古民居活化利用格局中呈现互补互促的良好关系。

3. 易地安置集中保护利用模式：基于整个村落宅基地有偿退出的形式

（1）"房"：古民居利用模式。易地安置集中保护利用模式指将村落中的全部原住民搬离古民居，另在村落周边或其他地区重新规划选址建设新村进行易地安置，整体保留下来的古民居由当地政府或村集体经济组织统一规划利用。采取该模式主要有两类原因：一类是传统村落位于生态环境脆弱、自然条件低劣等不具备生存条件或自然灾害高发的地区，需要易地移民搬迁以改善农民生活、居住条件，典型为浙江省松阳县横岗村；另一类是村落内古民居密度大、发展空间受限，为了更好地保护古民居、改善农民居住条件，另选址建设新村用于安置村民和建设旅游配套服务区，如安徽省黟县西递村、宏村两个古村落在村落周边为村民建造新住宅区，减轻了旅游开发活动对古村落的影响。

（2）"地"：宅基地盘活形式。浙江省松阳县横岗村（见图6-9）："宅基地有偿退出+征为国有+挂牌出让"。

横岗村位于浙江省松阳县竹源乡，依山而建，错落有致、交通便利、山清水秀，2014年被列入第三批中国传统村落名录。村落至今保留着泥墙青瓦、乡土气息浓厚的成片农房，有县级文物保护单位1处，历史建筑6处，土木结构农房140幢。但随着生活水平的提高，农民对改善住房条件的需求迫切。按农村建房政策"拆旧建新"，建新房必须拆老屋，但横岗村是中国传统村落，政策上不允许拆除具有文化价值的老屋。为解决这一矛盾，村里结合旧村改造，重新规划选址，将村民搬迁到新的安置点进行易地安置，整村进行旅游开发。易地搬迁后老村老屋被完整保留下来，接着如何保护利用这些富有文化价值的老屋成为需要解决的问题。

宅基地属于农村集体建设用地，集体建设用地及地上房屋不能有效流转是社会资本进入乡村旅游的"瓶颈"。为促进古民居以及宅基地顺畅流转，松阳县在土地供应上尝试了"征购+转移"方式，即将宅基地所有权和房屋产权均征收为国有。这样，古民居及其占有的宅基地产权"转移"到了政府手中，便于成片开发乡村旅游项目。"征购+转移"方式的具体程序是：由松阳县旅游发展有限公司（国企）提出旅游项目用地申请—县原国土资源局将所需用地报省国土资源厅批准转为国有—县政府房屋征收工作办公室将房屋征购—县不动产登记中心核发"不动产权证"—松阳县旅游发展有限公司视项目需要将整片或单幢农房出让给项目投资商—项目投资商按项目规定方案开发完成后申请发放"不动产权证"。横岗村的主题民宿旅游项目招商引资近 5 亿元，规划范围内共保留维护古民居（包含挂牌保护的民居建筑）94 幢、生产用房 5 处，共 99 处房产，土地面积达 3.02 万平方米，其中，房屋建筑面积有 2.13 万平方米。同时，该项目带动了村集体经济发展，村集体以存量集体建设用地入股，集体经济得到了壮大。

横岗村结合旧村改造，通过易地安置的方式使原住民自愿有偿退出古民居及其占用的宅基地使用权，在此基础上，再将集体建设用地以法定程序进行征购，将集体建设用地所有权由集体所有转变为国有，从而实现社会资本整体规划修缮利用古民居发展乡村旅游项目。横岗村独具的优势在于：一是集中成片的古民居体量非常大，连片有 89 幢，便于大型项目整体开发利用；二是集体建设用地所有权变为国有土地属性，产权结构清晰、稳定，对投资商吸引力较大；三是位于经济发达地区，交通便利，招商引资项目较多。

图 6-9　浙江省松阳县横岗村

（3）"人"：参与主体组织方式。该模式的关键是政府发挥总揽全局、协调各方的主导作用，负责村民易地搬迁、宅基地征为国有建设用地、土地使用权挂牌出让、古民居规划利用等全过程，是整个项目的策划者、推动者和操作者；村集体经济组织和农户作为受惠主体，积极配合政府腾退古民居，共同致力于古民居的集中保护利用；社会力量肩负着追求经济利益和社会效益的双重责任，在投资开发古民居旅游项目获取经济利益的同时，根据古民居修缮维护的要求，保护好古民居的内在价值。

（三）模式特点与适用性分析

在上述古民居活化利用的实践中，无论是商业化功能转换开发模式，抑或原真性活态保护利用模式，还是易地安置集中保护利用模式，都是围绕保护传承传统村落文化遗产的目标，在创新宅基地盘活形式、解除宅基地"束缚"的前提下，依据村落区位条件、资源禀赋、古民居价值状况以及原来的居民主观能动性等实际情况而选择的适宜模式，在很大程度上显化了古民居的文化与财产价值、增加了村集体和农民经济收入，激发了传统村落内生发展动力。然而，这三种模式具有各自的特点、优势或不足，其适用条件也存在一定差异，必须在厘清这些模式特征与适用性的基础上选择运用。

商业化功能转换开发模式侧重于对成片古民居进行旅游开发和经营性功能转换，在专业旅游公司的整体打造下，村落内的古民居被改造设计成一个个独具特色的旅游项目，原来的居民也被培养成旅游从业者，既满足了现代文化与旅游融合发展的新需求，又通过宅基地有偿退出、租赁、入股等多种途径将古民居由居住功能转变为经营性用途，拓宽了增加村集体经济收入和农民财产性收入的渠道。但是，为了方便管理，旅游公司往往要求原来的居民搬离古民居，使得传统村落丧失了原来的"烟火气"，一旦风俗民情成为商品，难免跌入千篇一律的泥淖。不仅如此，完全被商业资本支配的古民居开发模式，在资本天然的逐利性和短视性驱使下，旅游公司缺少全方位长期维护或培育的理念，与农民之间的利益联结机制也不稳定，一旦经营不善就会毁约跑路。然而，笔者在走访调查时发现，高达65.35%的产权人对这种商业化开发模式表示认同，主要原因在于这些产权人经济条件较差，不具备维护利用古民居的能力，一旦政府有发展需求，只要给予合理的安置条件或经济补偿，他们就愿意配合项目开发搬离古民居。因此，商业化功能转换开发模式适用于产权人自身保护能力不足，需要借助外部力量开发利用的古民居。

原真性活态保护利用模式在传承古民居建筑风貌和原来居民生活习俗的前提下，采取适度旅游开发的方式，实现了现代化的生产经营活动与原汁原味的村落环境互融互促。与此同时，充分尊重农民主体地位，支持农民对宅基地开展居住自用与经营性开发相结合的复合性利用，引导农民深度参与古民居的保护利用，不仅给村集体和农民带来长期稳定的收益，也提高了其对民族文化的自觉与自信，推动了整个村落的可持续发展。总体而言，古民居原真性活态保护利用模式无疑是最为理想的一种模式，但这种模式对传统村落的基础条件和农民主观能动性要求较高，适宜于所在村落文旅资源丰富、保存状况良好、农民保护利用能力较强的古民居。

易地安置集中保护利用模式的优势与不足都十分明显，其优势体现在：其一，古民居的管理使用权从分散的农民手中转移到政府手中，克服了产权人修缮资金不足、利用能力有限的难题，便于政府统一规划利用；其二，宅基地被征收后由集体建设用地转变为国有建设用地属性，土地使用权期限参照商业、旅游、娱乐用途可延长至40年，更能吸引社会力量投资开发。但是，这种"曲线"救活古民居做法的不足之处在于：一方面，同样存在农民参与度低、村落原真性形态无法保留的缺陷；另一方面，古民居成片腾退需要大量建设用地指标用于农民安置，操作程序比较复杂、可复制性较差。因此，这种模式更适宜所在村落发展空间严重受限、产权人改善居住条件愿望强烈，且当地政府保护力度大、财政保障能力强的古民居。

【专栏6-1】原址静态保护模式：未实践宅基地制度改革

一、模式内涵

原址静态保护是指在保护与发展过程中未采取任何宅基地使用权放活形式，尽量保持古村原汁原味的村庄风貌和生活方式，以延续居住功能为主，开发利用较少。这种保护与发展方式在相对偏僻落后的传统村落较为常见，这些传统村落距离城市较远，交通不便，社会资本进入难，因此现代化程度较低，受到商业化影响较少。这种方式本质上是封闭的、静止的、落后的，尽管维持了传统村落所处的全部内外环境，也保存了与这些环境一致的传统生活方式与劳作方式，但是年代久远的民居建筑缺少修缮利用手段而衰败严重。

二、典型做法

代表地区一：苏州市吴中区东村古村（非宅改试点地区且无宅改探索）

苏州市吴中区东村古村位于太湖西山岛北部，南倚青山，北濒太湖，地理位置较为隐蔽，建村至今已有两千多年的历史。受经济水平和交通条件制约，东村的古村风貌保存状况较好，村中的道路至今大多仍为石板与青砖原貌，为江苏省省级历史文化名村、苏州市控制保护古村落。村落内现有敬修堂、栖贤巷门等明清古建筑30多处，其中省级、市级文保单位4处，苏州市控保建筑6处。

东村古村属于普通偏远村落，距离城镇较远，环境相对闭塞，周边旅游需求不足。村民以种植花果、茶叶及水产养殖为主，收入水平较低，为市级贫困村。东村古村现有历史建筑36处，保存修缮完好的文物建筑有2处，分别为徐家祠堂和敬修堂。徐家祠堂产权收归政府所有，敬修堂产权为6户村民共同所有，现有1户居住在内。随着近年来村里人口持续外流，再加上产权人缺乏修缮维护资金，目前东村古村有70%～80%的古民居处于长期闲置状态，自然损毁较为严重，很多木质结构建筑遭白蚁侵蚀，面临坍塌风险，无法进行合理利用。

代表地区二：山西省泽州县高都镇（系宅改试点地区但未落实政策）

高都镇位于晋城市区东北约25公里处，历史悠久，早在新石器时代，就有泽州先民在这里生活，留下了高都文化遗址，后又有夏桀迁垂之史，"垂"，即指高都镇垂棘山。秦汉置县，延续至唐，以后历朝又多在此设郡立州。高都镇是泽州县历史上重要的政治、经济、文化中心之一，现为山西省历史文化名镇。高都镇现存众多明清时期文物

苏州市吴中区东村古村

古迹，分为遗址、寺庙、旧址、古民居四大类，有省级重点文物保护单位高都新石器时代文化遗址和东岳庙，有始建于唐朝的景德寺等，还有 300 多座古院落。高都镇的民居大多为明清时期所建，单体民居内部结构多为四合院，并且院内的房屋多为两层，并有楼梯和通道将各屋相连，一些更是院中套院，民居结构密集而紧凑。

高都镇村落内古民居总体闲置程度较高，由于大量年轻人进城务工，目前 300 多座古院落，90% 已无人居住，余下 10% 大多住着行动不便的老年人。再加上原住村民对于明清民居的历史价值、稀缺性和不可再生性认识不足，很多民居因年久衰败，没有得到及时维修而坍塌，或者是以现代的彩钢、混凝土等"拆旧建新"建造手法破坏历史风貌。而且由于长期空置、无人看管，很多民居建筑雕刻精美的构件遭到一些不法分子偷盗，转手卖到私宅、古建收藏者或其他景区，现存民居保护利用状况较差。

综上，东村古村和高都镇的古民居保护利用状况较差，由于村

山西省泽州县高都镇

落"空巢化""老龄化",以及存在缺乏统一规划管理、修缮资金不足、引入外部资本困难等诸多障碍,大量古民居特别是挂牌保护的民居类文物建筑闲置严重,正在经历着自然和人为的毁损。事实上,这绝非个例,而是非常普遍的。多数地理位置偏远、经济欠发达地区的古民居处于无保护、无利用的状态,尽管静态保护可以最大化保护传统村落的原生态建筑与人文环境,但是在主动顺应经济社会发展的客观规律中,这种村落面临着人口流失致使古民居陷入"空置—衰败—无力维修—自然消失"的危机中。

三 宅基地制度改革对古民居活化利用的影响效应

在上述研究基础上,本书进一步根据实地调查的数据资料,通过"统计推断+构建计量模型"评估宅基地制度改革对古民居活化利用产生的影响效应。

（一）正向效应

（1）"房地一体"宅基地确权明确了古民居的产权关系。一方面，减少了共有产权人之间的权利纠纷；另一方面，让完整产权人的权利实化、落地（可抵押），加快了古民居的活化利用进程。

【专栏 6-2】农村"房地一体"确权登记颁证工作

2014 年 8 月，国土资源部与财政部、住房和城乡建设部等五个部门联合下发《关于进一步加快推进宅基地和集体建设用地使用权确权登记发证工作的通知》，该通知明确按照"房地一体"的登记原则，将农房等集体建设用地上的建筑物、构筑物纳入宅基地、集体建设用地使用权登记发证工作范围。为有效支撑农村土地制度改革工作，2016 年，国土资源部印发《关于进一步加快宅基地和集体建设用地确权登记发证有关问题的通知》，明确"一户多宅、超占面积、权源资料不全、时间跨度大"等历史遗留问题的解决措施。2019 年，自然资源部办公厅印发《关于加强村庄规划促进乡村振兴的通知》，要求各地力争到 2020 年底在县域层面基本完成村庄布局工作，有条件、有需求的村庄应编尽编；在村庄规划编制中，要合理确定宅基地规模，划定宅基地建设范围，严格落实"一户一宅"，并充分考虑当地建筑文化特色和居民生活习惯，因地制宜提出住宅的规划设计要求。

（2）九成村干部认为宅基地制度改革有助于活化利用古民居。本书调查发现，90% 的受访村干部对宅基地制度改革是否有助于活化利用古民居持肯定态度，仅 10% 的村干部持否定态度。

（3）宅基地制度改革有助于产权人保护自家古民居。皮尔逊卡方检验（pearson's chi-squared test）结果显示（见表 6-1），宅改与非宅改试点地区的产权人对自家古民居保护状况的主观感知差异显著，即宅改试点地区产权人认为自家古民居保护完好与一般的共占 90.42%，比非宅改试点地区高 12.92 个百分点；与之相对应，宅改试点地区的产权人认为自家古民居保护现状较差的占 9.59%，远低于非宅改试点地区的 22.50%。

表 6-1　宅改与非宅改试点地区的产权人对自家古民居保护状况的主观感知

单位：%

保护状况主观感知	是否为宅改试点		卡方检验
	非宅改试点	宅改试点	
完好	47.50	46.58	
一般	30.00	43.84	5.71**
较差	22.50	9.59	
合计	100.00	100.00	

注：** 表示在 5% 的水平下显著。

基于以上统计推断分析，为更科学、准确地评估宅基地制度改革对产权人自家古民居保护状况的影响，本书以自家古民居保护状况为因变量，以宅基地制度改革为核心自变量，选择性别、年龄、民族、受教育程度、职业类型、产权关系、自住情况、家庭年收入、县村距离、村所在地形等 10 个变量作为控制变量（见表 6-2），建立计量模型。

表 6-2　变量说明及描述性统计

变量类型	变量名称	计算方法或赋值说明	均值	最小值	最大值
因变量	自家古民居保护状况	自家古民居保护状况,有序分类变量:较差 = 1,一般 = 2,完好 = 3	2.344	1	3

续表

变量类型	变量名称	计算方法或赋值说明	均值	最小值	最大值
核心自变量	宅基地制度改革	是否宅基地制度改革试点县，是＝1，否＝0	0.692	0	1
控制变量	性别	虚拟变量:男＝1,女＝0	0.725	0	1
	年龄	连续变量,单位:周岁	56.133	18	91
	民族	虚拟变量:汉族＝1,少数民族＝0	0.900	0	1
	受教育程度	分类变量:小学及以下＝1,初中＝2,高中或中专＝3,专科及以上＝4	2.299	1	4
	职业类型	虚拟变量:务农＝1,非农＝0	0.645	0	1
	产权关系	是否拥有古民居的完整产权,虚拟变量:是＝1,否＝0	0.344	0	1
	自住情况	古民居是否用于自住,虚拟变量:是＝1,否＝0	0.505	0	1
	家庭年收入	连续变量,单位:万元	5.068	0.1	30
	县村距离	连续变量:村庄到最近县城的距离。单位:公里	29.546	7	80
	村所在地形	分类变量:平原＝1,盆地＝2,丘陵＝3,山地＝4	1.487	1	4

在此基础上，本书分别采用 OLS 模型和 ologit 模型进行估计（两相比较可用于检验结论的稳健性），结果显示两种模型的回归结果一致性较高。鉴于因变量是有序分类变量，因此以 ologit 模型的回归结果为主进行分析。从表 6-3 可知，无论是否引入产权人个体层面的控制变量，宅基地制度改革变量均通过显著性检验且系数为正，说明宅基地制度改革对产权人自家古民居保护状况具有极显著正向影响。

表 6-3　不同模型的估计结果

变量	OLS 模型		ologit 模型		ologit 模型	
	系数	稳健标准误	系数	稳健标准误	系数	稳健标准误
宅基地制度改革	0.538 **	0.253	1.976 ***	0.652	2.013 **	0.911
性别	0.093	0.126			0.222	0.399
年龄	-0.001	0.004			-0.005	0.014
民族	0.232	0.220			0.797	0.673
受教育程度						
初中	0.076	0.158			0.274	0.511
高中或中专	-0.070	0.185			-0.185	0.596
专科及以上	0.545 **	0.248			2.416 **	1.119
职业类型	-0.200	0.129			-0.682	0.446
产权关系	0.220 *	0.113			0.737 **	0.369
自住情况	0.153	0.117			0.507	0.391
家庭年收入	-0.020	0.021			-0.064	0.065
县村距离	-0.002	0.003	-0.008	0.007	-0.004	0.009
村所在地形						
盆地	-0.362 *	0.203	-1.040 **	0.419	-1.137 *	0.616
丘陵	0.088	0.170	0.332	0.521	0.536	0.664
山地	0.372	0.306	1.878 **	0.917	1.339	1.090
常数项	1.760 ***	0.564				
F 值/Wald chi² 值	3.04 ***		13.33 **		32.38 ***	
对数伪似然值	—		-156.547		-137.532	
拟合优度	0.186		0.045		0.106	
观测值	410		410		410	

注：***、**、*分别表示在 1%、5%、10% 的水平下显著。

　　另从表 6-4 中的边际效应（$\mathrm{d}y/\mathrm{d}x$）可知，宅基地制度改革使产权人认为自家古民居保护状况"较差"和"一般"的概率分别降低 18.7% 和 23.1%，同时也使产权人认为自家古民居保护状况"完好"的概率提高 41.8%。

　　综上可见，宅基地制度改革有助于产权人保护自家古民居，且结论稳健。换言之，宅基地制度改革有助于使保护较差的传统村落古民居的境况（产权人主观感知）有所改变（如从"较差"或"一般"升至"完好"）。

表 6-4　基于 ologit 模型的边际效应

变量	较差		一般		完好	
	dy/dx	标准误	dy/dx	标准误	dy/dx	标准误
宅基地制度改革	−0.187**	0.087	−0.231**	0.101	0.418**	0.177
性别	−0.021	0.037	−0.025	0.046	0.046	0.083
年龄	4E−04	0.001	0.001	0.002	−0.001	0.003
民族	−0.074	0.064	−0.091	0.076	0.165	0.137
受教育程度						
初中	−0.025	0.050	−0.032	0.057	0.057	0.106
高中或中专	0.020	0.062	0.018	0.061	−0.038	0.123
专科及以上	−0.116**	0.055	−0.309***	0.101	0.425***	0.142
职业类型	0.063	0.044	0.078	0.048	−0.141	0.090
产权关系	−0.068*	0.037	−0.084**	0.039	0.153**	0.072
自住情况	−0.047	0.038	−0.058	0.042	0.105	0.079
家庭年收入	0.006	0.006	0.007	0.008	−0.013	0.014
县村距离	4E−04	0.001	0.001	0.001	−0.001	0.002
村所在地形						
盆地	0.140	0.091	0.075***	0.028	−0.215**	0.103
丘陵	−0.042	0.048	−0.068	0.084	0.110	0.131
山地	−0.083*	0.050	−0.175	0.127	0.258	0.173

注：***、**、*分别表示在1%、5%、10%的水平下显著。

（4）宅基地制度改革提高了产权人对古民居的自住偏好及自住率。本书调查发现，真正喜欢住在自家古民居中的产权人不到1/3。从产权人的住房类型偏好来看，29.13%的产权人喜欢住在自家古民居内，[①] 61.65%的产权人喜欢在村内自建新房居住，另有9.22%的产

---

① 相较而言，产权人对古民居的偏好自住率（29.13%）与实际自住率（50.50%）相差21.37个百分点，这说明当前有相当一部分产权人属于"被逼无奈"（无力或无法建新房、购新房）或出于别的目的居住在古民居内（并非心甘情愿），如有更好的住处或退出条件（"价码"），他们极有可能将自家古民居闲置或做其他处置。

权人喜欢居住在县城住宅楼。皮尔逊卡方检验结果显示（在 5% 的水平下显著），宅改试点地区偏好在古民居内居住的产权人占 31.25%，比非宅改试点地区高 7.06 个百分点（见表 6-5），这表明宅基地制度改革"红利"可能会提高产权人对古民居的自住偏好。

表 6-5　宅改试点与非宅改试点地区产权人的住房类型偏好

单位：%

住房类型偏好	是否为宅改试点		
	非宅改试点	宅改试点	卡方检验
古民居	24.19	31.25	
村内自建新房	58.06	63.19	7.90**
县城住宅楼	17.74	5.56	
合计	100.00	100.00	

注：** 表示在 5% 的水平下显著。

不仅如此，由表 6-6 可知，宅改试点地区古民居的自住率为 58.22%，远高于非宅改试点地区的 29.63%，前者比后者高 28.59 个百分点。不仅如此，宅改试点地区的古民居以自住为主（自住率比非自住率高 16.44 个百分点），而非宅改试点地区的古民居以非自住为主（非自住率比自住率高 40.74 个百分点）。以上结果在 1% 的水平下通过了皮尔逊卡方检验，即差异显著，这说明宅基地制度改革可能会使农户选择以自住形式低度利用或保护闲置的古民居。

表 6-6　宅改试点与非宅改试点地区古民居自住情况

单位：%

自住与否	是否为宅改试点		
	非宅改试点	宅改试点	卡方检验
自住	29.63	58.22	
非自住（闲置或他用）	70.37	41.78	12.89***
合计	100.00	100.00	

注：*** 表示在 1% 的水平下显著。

同理，为更科学、准确地评估宅基地制度改革对古民居自住的影响，本书以古民居自住与否为因变量，以宅基地制度改革为核心自变量，选择性别、年龄、民族、受教育程度、职业类型、产权关系、保护状况、家庭年收入、居住偏好、县村距离等10个变量作为控制变量（见表6-7），建立相关计量模型。

表6-7 变量说明及描述性统计

变量类型	变量名称	计算方法或赋值说明	均值	最小值	最大值
因变量	古民居自住与否	古民居是否用于自住，虚拟变量：是=1，否=0	0.505	0	1
核心自变量	宅基地制度改革	是否宅基地制度改革试点县，是=1，否=0	0.692	0	1
控制变量	性别	虚拟变量：男=1，女=0	0.725	0	1
	年龄	连续变量，单位：周岁	56.133	18	91
	民族	虚拟变量：汉族=1，少数民族=0	0.900	0	1
	受教育程度	有序分类变量：小学及以下=1，初中=2，高中或中专=3，专科及以上=4	2.299	1	4
	职业类型	虚拟变量：务农=1，非农=0	0.645	0	1
	产权关系	是否拥有古民居的完整产权，虚拟变量：是=1，否=0	0.344	0	1
	保护状况	自家古民居保护状况，有序分类变量：较差=1，一般=2，完好=3	2.344	1	3
	家庭年收入	连续变量，单位：万元	5.068	0.1	30
	居住偏好	分类变量：古民居=1，村内自建新房=2，县城住宅楼=3	1.801	1	3
	县村距离	连续变量：村庄到最近县城的距离。单位：公里	29.546	7	80

据此，本书分别采用OLS模型和二元Logit模型进行估计，结果显示两种模型的回归结果一致性较高。由于因变量是虚拟变量，因

此以 Logit 模型的回归结果为主进行分析。从表 6-8 可知，无论是否引入所有控制变量或村级层面的控制变量，宅基地制度改革变量的边际效应（$\mathrm{d}y/\mathrm{d}x$）均通过了显著性检验，这表明宅基地制度改革对古民居自住有显著正向影响，具体而言，在引入所有控制变量的情况下，宅基地制度改革会使古民居自住的概率提高 25.2%。

综合以上分析，可得出如下结论：宅基地制度改革有助于提高古民居的自住率（减少了闲置率）。这是因为宅基地制度改革打开了宅基地使用权流转和有偿退出的"通道"，由此显化或提高了古民居（"房地一体"）的资产价值，在将来流转或征收（有偿退出）时，产权人可"待价而沽"。

表 6-8　不同模型的估计结果

变量	OLS 模型		Logit 模型		Logit 模型		Logit 模型	
	系数	稳健标准误	$\mathrm{d}y/\mathrm{d}x$	标准误	$\mathrm{d}y/\mathrm{d}x$	标准误	$\mathrm{d}y/\mathrm{d}x$	标准误
宅基地制度改革	0.245*	0.130	0.280***	0.070	0.165*	0.093	0.252*	0.130
性别	0.075	0.090			0.059	0.082	0.077	0.089
年龄	-0.001	0.003			-0.002	0.003	-0.001	0.003
民族	-0.023	0.157			-0.110	0.142	-0.044	0.212
受教育程度								
初中	-0.088	0.103			-0.167	0.093	-0.093	0.103
高中或中专	-0.048	0.104			-0.165	0.102	-0.048	0.112
专科及以上	-0.397*	0.203			-0.553	0.138	-0.428	0.157
职业类型	0.016	0.091			0.017	0.084	0.013	0.083
产权关系	-0.032	0.080			-0.065	0.066	-0.016	0.073
保护状况	0.027	0.056			0.056	0.048	0.022	0.053
家庭年收入	0.009	0.015			-0.007	0.013	0.003	0.015
居住偏好								
村内自建新房	-0.527***	0.082			-0.477	0.066	-0.512	0.069
县城住宅楼	-0.261	0.175			-0.266	0.139	-0.233	0.145
县村距离	0.002	0.002					0.002	0.002
常数项	0.590*	0.339						

续表

变量	OLS 模型		Logit 模型		Logit 模型		Logit 模型	
	系数	稳健标准误	dy/dx	标准误	dy/dx	标准误	dy/dx	标准误
F 值/Wald chi² 值	9.08***		12.18***		30.52***		33.77***	
对数伪似然值	—		−132.033		−93.091		−81.490	
拟合优度	0.292		0.048		0.223		0.249	
观测值	410		410		410		410	

注：***、**、*分别表示在1%、5%、10%的水平下显著。

（5）宅基地制度改革提高了产权人对古民居活化利用的关注度。据皮尔逊卡方检验结果可知（见表6-9），宅改试点地区的产权人对古民居活化利用的关注度总体上与非宅改试点地区虽在10%的水平下呈弱显著差异，但从细分角度（合并维度）来看，在"关注"（含"比较关注"与"非常关注"）层面，宅改试点地区中"关注"古民居活化利用的产权人占59.59%，比非宅改试点地区（相关产权人占48.44%）高出11.15个百分点，这说明宅基地制度改革可能会提高产权人对古民居活化利用的关注度。

表6-9　宅改试点与非宅改试点地区产权人对古民居活化利用的关注度

单位：%

活化利用关注度	是否为宅改试点		
	非宅改试点	宅改试点	卡方检验
极少关注	7.81	5.48	
不太关注	12.50	13.70	
一般	31.25	21.23	5.17*
比较关注	31.25	29.45	
非常关注	17.19	30.14	
合计	100.00	100.00	

注：*表示在10%的水平下显著。

同理，为更科学、准确地评估宅基地制度改革对产权人对古民居活化利用关注度的影响，本书以产权人对古民居活化利用关注度为因变量，以宅基地制度改革为核心自变量，选择性别、年龄、民族、受教育程度、职业类型、家庭年收入、县村距离及村所在地形等8个变量作为控制变量（见表6-10），建立计量模型。

表6-10　变量说明及描述性统计

变量类型	变量名称	计算方法或赋值说明	均值	最小值	最大值
因变量	产权人对古民居活化利用关注度	产权人对古民居活化利用的关注，有序分类变量：极少关注=1,不太关注=2,一般=3,比较关注=4,非常关注=5	3.567	1	5
核心自变量	宅基地制度改革	是否宅基地制度改革试点县，是=1,否=0	0.692	0	1
控制变量	性别	虚拟变量：男=1,女=0	0.725	0	1
	年龄	连续变量，单位:周岁	56.133	18	91
	民族	虚拟变量：汉族=1,少数民族=0	0.900	0	1
	受教育程度	分类变量：小学及以下=1,初中=2,高中或中专=3,专科及以上=4	2.299	1	4
	职业类型	虚拟变量：务农=1,非农=0	0.645	0	1
	家庭年收入	连续变量，单位:万元	5.068	0.1	30
	县村距离	连续变量：村庄到最近县城的距离。单位:公里	29.546	7	80
	村所在地形	分类变量：平原=1,盆地=2,丘陵=3,山地=4	1.487	1	4

本书基于以上分析，采用OLS回归模型和ologit回归模型进行估计，结果显示两种模型的回归结果一致性较高。鉴于因变量是有序分类变量，因此以ologit模型的估计结果为主进行分析。由表6-11可知，无论是否引入控制变量，宅基地制度改革变量均通过10%

的显著性检验且系数为正，这说明宅基地制度改革显著影响了产权人对古民居活化利用的关注度且作用方向为正。

表 6-11　不同模型的估计结果

变量	OLS 模型		ologit 模型		ologit 模型	
	系数	稳健标准误	系数	稳健标准误	系数	稳健标准误
宅基地制度改革	0.562**	0.241	0.444*	0.255	0.916*	0.508
性别	0.306*	0.183			0.563*	0.314
年龄	−0.004	0.007			−0.004	0.012
民族	0.644*	0.328			1.161**	0.521
受教育程度						
初中	0.536*	0.286			1.041*	0.568
高中或中专	0.701**	0.287			1.213**	0.567
专科及以上	0.809**	0.403			1.797**	0.771
职业类型	0.208	0.187			0.360	0.342
家庭年收入	−0.071***	0.020			−0.607***	0.216
县村距离	−0.020***	0.004			−0.042***	0.010
村所在地形						
盆地	−0.351*	0.214			−1.069**	0.457
丘陵	−0.133	0.241			−0.574	0.420
山地	0.723*	0.440			0.857	0.840
常数项	2.901***	0.621				
F 值/Wald chi² 值	6.09***		3.04*		53.29***	
对数伪似然值	—		−312.900		−241.425	
拟合优度	0.266		0.005		0.106	
观测值	410		410		410	

注：***、**、*分别表示在 1%、5%、10%的水平下显著。

再进一步，由表 6-12 可知，宅基地制度改革虽会使产权人对古民居活化利用"极少关注"、"不太关注"或"一般"的概率分别下降 4.4%、6.7%和 6.7%，但会使产权人对古民居活化利用"比较关注"和"非常关注"的概率分别提高 2.9%和 14.9%。

表6-12　基于ologit模型的边际效应

变量	极少关注		不太关注		一般		比较关注		非常关注	
	dy/dx	标准误	dy/dx	标准误	dy/dx	标准误	dy/dx	标准误	dy/dx	标准误
宅基地制度改革	-0.044*	0.026	-0.067*	0.038	-0.067*	0.038	0.029*	0.018	0.149*	0.082
性别	-0.027*	0.016	-0.041*	0.024	-0.041*	0.024	0.018	0.012	0.091*	0.051
年龄	2E-04	0.001	3E-04	0.001	3E-04	0.001	-1E-04	4E-04	-0.001	0.002
民族	-0.056*	0.029	-0.085**	0.038	-0.084**	0.039	0.037*	0.019	0.188**	0.084
受教育程度										
初中	-0.069	0.047	-0.083*	0.049	-0.052**	0.024	0.064	0.051	0.141**	0.064
高中或中专	-0.076	0.047	-0.095*	0.050	-0.066**	0.028	0.068	0.051	0.170**	0.068
专科及以上	-0.095*	0.049	-0.130**	0.056	-0.117**	0.057	0.063	0.051	0.279*	0.120
职业类型	-0.017	0.017	-0.026	0.025	-0.026	0.025	0.011	0.012	0.058	0.055
家庭年收入	0.029**	0.013	0.044***	0.016	0.044***	0.016	-0.019**	0.009	-0.098***	0.034
县村距离	0.002***	0.001	0.003***	0.001	0.003***	0.001	-0.001***	5E-04	-0.007***	0.001
村所在地形										
盆地	0.071*	0.040	0.078***	0.030	0.049***	0.016	-0.048**	0.022	-0.151***	0.057
丘陵	0.032	0.028	0.041	0.028	0.033	0.021	-0.017	0.015	-0.089	0.061
山地	-0.028	0.021	-0.050	0.043	-0.066	0.070	-0.010	0.029	0.154	0.158

注：***、**、* 分别表示在1%、5%、10%的水平下显著。

综上可得出如下结论：宅基地制度改革有助于提高产权人对古民居活化利用的关注度，且这一结论稳健性较强。

（6）宅基地制度改革提高了产权人对古民居活化利用的重视程度。据皮尔逊卡方检验结果可知（在10%的水平下显著），在非宅改试点地区，认为活化利用古民居不重要（包括"极不重要"和"不太重要"）的产权人占1.56%，比宅改试点地区（相关产权人占4.10%）低2.54个百分点；认为"一般"的产权人占32.81%，远高于宅改试点地区的15.75%。在宅改试点地区认为"比较重要"和"非常重要"的产权人分别占29.45%、50.68%，依序比非宅改试点地区高出1.32个百分点和13.18个百分点（见表6-13）。可见，无论认为活化利用古民居重要与否，宅改试点地区的产权人占比均高于非宅改试点地区，而认为"一般"的宅改试点地区产权人占比则低于非宅改试点地区。

表6-13　宅改试点与非宅改试点地区产权人对古民居
活化利用的重视程度

单位：%

活化利用重视程度	是否为宅改试点		卡方检验
	非宅改试点	宅改试点	
极不重要	1.56	2.05	
不太重要	0	2.05	
一般	32.81	15.75	9.236*
比较重要	28.13	29.45	
非常重要	37.50	50.68	
合计	100.00	100.00	

注：*表示在10%的水平下显著。

基于以上统计分析，为更科学、准确地评估宅基地制度改革对产权人感知古民居活化利用重要性的影响，本书以产权人对古民居活化利用的重要性感知为因变量，以宅基地制度改革为核心自变量，并选择性别、年龄、民族、受教育程度、职业类型、家庭年收入、县村距离、村所在地形等 8 个变量为控制变量（见表 6-14），建立计量模型。

表 6-14　变量说明及描述性统计

变量类型	变量名称	计算方法或赋值说明	均值	最小值	最大值
因变量	产权人对古民居活化利用的重要性感知	产权人认为传统村落古民居活化利用的重要性,有序分类变量:极不重要 = 1,不太重要 = 2,一般 = 3,比较重要 = 4,非常重要 = 5	4.171	1	5
核心自变量	宅基地制度改革	是否宅基地制度改革试点县,是 = 1,否 = 0	0.692	0	1
控制变量	性别	虚拟变量:男 = 1,女 = 0	0.725	0	1
	年龄	连续变量,单位:周岁	56.133	18	91
	民族	虚拟变量:汉族 = 1,少数民族 = 0	0.900	0	1
	受教育程度	分类变量:小学及以下 = 1,初中 = 2,高中或中专 = 3,专科及以上 = 4	2.299	1	4
	职业类型	虚拟变量:务农 = 1,非农 = 0	0.645	0	1
	家庭年收入	连续变量,单位:万元	5.068	0.1	30
	县村距离	连续变量:村庄到最近县城的距离。单位:公里	29.546	7	80
	村所在地形	分类变量:平原 = 1,盆地 = 2,丘陵 = 3,山地 = 4	1.487	1	4

据此，本书分别采用 OLS 回归模型和 ologit 回归模型进行估计，结果显示两种模型的回归结果一致性较高。由于因变量是有序分类变量，因此以 ologit 模型的回归结果为主进行分析。从表 6-15 可知，无论是否引入控制变量，宅基地制度改革变量均通过 5% 的显著性检

验且系数为正，这说明宅基地制度改革显著影响了产权人对古民居活化利用重要性的感知且作用方向为正。

表 6-15　不同模型的估计结果

变量	OLS 模型		ologit 模型		ologit 模型	
	系数	稳健标准误	系数	稳健标准误	系数	稳健标准误
宅基地制度改革	0.525*	0.278	0.576**	0.281	1.198**	0.597
性别	0.207	0.148			0.539	0.354
年龄	−0.002	0.006			−0.005	0.014
民族	1.022***	0.349			1.907***	0.616
受教育程度						
初中	−0.013	0.196			0.026	0.482
高中或中专	0.110	0.201			0.298	0.488
专科及以上	0.178	0.300			0.430	0.704
职业类型	−0.119	0.159			−0.200	0.366
家庭年收入	−0.032	0.023			−0.060	0.041
县村距离	−0.006	0.004			−0.010	0.009
村所在地形						
盆地	−0.463*	0.239			−0.877*	0.462
丘陵	−0.173	0.220			−0.388	0.522
山地	0.092	0.360			0.222	0.757
常数项	3.252***	0.609				
F 值/Wald chi^{2}值	2.54***		4.21**		27.20***	
对数伪似然值	—		−245.318		−196.131	
拟合优度	0.154		0.009		0.062	
观测值	410		410		410	

注：***、**、*分别表示在 1%、5%、10%的水平下显著。

另由表 6-16 可知，宅基地制度改革会使产权人认为活化利用古民居"一般"和"比较重要"的概率分别下降 17.4% 和 6.5%，但同时也使其认为活化利用古民居"非常重要"的概率提高 26.5%。

综上，不难得出如下观点：宅基地制度改革有助于使产权人更加重视对古民居的活化利用。

表6-16　基于ologit模型的边际效应

变量	极不重要		不太重要		一般		比较重要		非常重要	
	dy/dx	标准误	dy/dx	标准误	dy/dx	标准误	dy/dx	标准误	dy/dx	标准误
宅基地制度改革	-0.019	0.014	-0.006	0.007	-0.174*	0.090	-0.065**	0.032	0.265**	0.126
性别	-0.009	0.007	-0.003	0.003	-0.078	0.052	-0.029	0.021	0.119	0.077
年龄	8E-05	2E-04	3E-05	8E-05	0.001	0.002	3E-04	0.001	-0.001	0.003
民族	-0.031	0.023	-0.010	0.011	-0.276***	0.082	-0.104**	0.042	0.422***	0.126
受教育程度										
初中	-5E-04	0.009	-2E-04	0.003	-0.004	0.073	-0.001	0.020	0.006	0.105
高中或中专	-0.005	0.009	-0.002	0.003	-0.043	0.072	-0.016	0.024	0.066	0.106
专科及以上	-0.007	0.011	-0.002	0.004	-0.060	0.097	-0.026	0.045	0.095	0.153
职业类型	0.003	0.006	0.001	0.002	0.029	0.053	0.011	0.020	-0.044	0.081
家庭年收入	0.001	0.001	3E-04	4E-04	0.009	0.006	0.003	0.003	-0.013	0.009
县村距离	2E-04	2E-04	6E-05	8E-05	0.002	0.001	0.001	5E-04	-0.002	0.002
村所在地形										
盆地	0.020	0.019	0.006	0.008	0.136*	0.073	0.023	0.018	-0.184**	0.088
丘陵	0.007	0.011	0.002	0.004	0.057	0.080	0.019	0.021	-0.085	0.113
山地	-0.003	0.009	-0.001	0.003	-0.029	0.095	-0.016	0.059	0.049	0.165

注：***、**、*分别表示在1%、5%、10%的水平下显著。

（7）宅基地制度改革提升了产权人活化利用自家古民居的意愿。根据皮尔逊卡方检验结果可知（见表6-17），宅改试点地区的产权人对活化利用自家古民居的意愿总体上与非宅改试点地区相比有极显著差异（在1%的水平下显著），但从细分角度来看，在"非常愿意"层面，宅改试点地区的产权人占56.16%，比非宅改试点地区（相关产权人占32.26%）高出23.90个百分点；与之相反，在"比较愿意"和"无所谓"层面，非宅改试点地区的产权人占比分别达48.39%和17.74%，依序高出宅改试点地区产权人23.73个和2.67个百分点。

表6-17　宅改试点与非宅改试点地区产权人对活化利用自家古民居的意愿

单位：%

活化利用意愿	是否为宅改试点		卡方检验
	非宅改试点	宅改试点	
非常愿意	32.26	56.16	
比较愿意	48.39	24.66	
无所谓	17.74	15.07	15.504***
不太愿意	0	3.42	
极不愿意	1.61	0.68	
合计	100.00	100.00	

注：*** 表示在1%的水平下显著。

同上，为更科学、准确地评估宅基地制度改革对产权人活化利用古民居意愿的影响，本书以产权人活化利用意愿为因变量，以宅基地制度改革为核心自变量，选择性别、年龄、民族、受教育程度、职业类型、产权关系、保护状况、自住偏好、家庭年收入、县村距离、活化利用政策等11个变量作为控制变量（见表6-18），建立计量模型。

表 6-18　变量说明及描述性统计

变量类型	变量名称	计算方法或赋值说明	均值	最小值	最大值
因变量	产权人活化利用意愿	古民居活化利用意愿,有序分类变量:极不愿意=1,不太愿意=2,无所谓=3,比较愿意=4,非常愿意=5	4.255	1	5
核心自变量	宅基地制度改革	是否宅基地制度改革试点县,是=1,否=0	0.692	0	1
控制变量	性别	虚拟变量:男=1,女=0	0.725	0	1
	年龄	连续变量,单位:周岁	56.133	18	91
	民族	虚拟变量:汉族=1,少数民族=0	0.900	0	1
	受教育程度	分类变量:小学及以下=1,初中=2,高中或中专=3,专科及以上=4	2.299	1	4
	职业类型	虚拟变量:务农=1,非农=0	0.645	0	1
	产权关系	是否拥有古民居的完整产权,虚拟变量:是=1,否=0	0.344	0	1
	保护状况	自家古民居保护状况,有序分类变量:较差=1,一般=2,完好=3	2.344	1	3
	自住偏好	产权人对传统村落古民居的自住偏好,分类变量:古民居=1,村内自建新房=2,县城住宅楼=3	1.801	1	3
	家庭年收入	连续变量,单位:万元	5.068	0.1	30
	县村距离	连续变量:村庄到最近县城的距离。单位:公里	29.546	7	80
	活化利用政策	活化利用政策法规及落实力度评价,有序分类变量:非常差=1,比较差=2,一般=3,比较好=4,非常好=5	2.869	1	5

　　在此基础上,本书分别采用 OLS 模型和 ologit 模型进行估计,结果显示两种模型的回归结果一致性较高。由于因变量是有序分类

变量，因此以 ologit 模型的估计结果为主进行分析。表 6-19 显示，无论是否引入控制变量，宅基地制度改革变量均通过 5% 的显著性检验且系数为正，这说明宅基地制度改革对产权人活化利用古民居的意愿有显著的正向影响。

表 6-19　不同模型的估计结果

变量	OLS 模型		ologit 模型		ologit 模型	
	系数	稳健标准误	系数	稳健标准误	系数	稳健标准误
宅基地制度改革	0.450**	0.213	0.634**	0.261	1.120**	0.570
性别	-0.069	0.151			-0.167	0.447
年龄	0.003	0.005			0.009	0.015
民族	0.475*	0.253			1.220*	0.670
受教育程度						
初中	0.198	0.190			0.668	0.504
高中或中专	-0.016	0.208			0.104	0.537
专科及以上	0.024	0.277			0.183	0.792
职业类型	-0.278*	0.149			-0.867*	0.448
产权关系	0.020	0.142			0.088	0.396
保护状况	0.161	0.104			0.311	0.279
自住偏好	-0.143	0.118			-0.411	0.347
家庭年收入	0.013	0.021			0.004	0.055
县村距离	-0.005	0.003			-0.011	0.009
活化利用政策	0.092	0.060			0.247	0.177
常数项	3.261***	0.584				
F 值/Wald chi^{2}值	2.17**		5.89**		27.41**	
对数伪似然值	—		-234.503		-149.022	
拟合优度	0.144		0.011		0.069	
观测值	410		410		410	

注：***、**、* 分别表示在 1%、5%、10%的水平下显著。

此外，由表 6-20 可知，宅基地制度改革会使产权人对古民居活化利用持"无所谓"和"比较愿意"态度的概率分别下降 13.6% 和 10.3%，同时会使其"非常愿意"活化利用古民居的概率提高 24.7%。

综上，可得出如下结论：宅基地制度改革有助于提升产权人活化利用古民居的意愿。换言之，宅基地制度改革会使部分产权人的意愿从"无所谓"或"比较愿意"转变成"非常愿意"。

表 6-20　基于 ologit 模型的边际效应

变量	不太愿意		无所谓		比较愿意		非常愿意	
	dy/dx	标准误	dy/dx	标准误	dy/dx	标准误	dy/dx	标准误
宅基地制度改革	−0.007	0.008	−0.136*	0.072	−0.103*	0.054	0.247**	0.122
性别	0.001	0.003	0.020	0.054	0.015	0.041	−0.037	0.098
年龄	−6E−05	1E−04	−0.001	0.002	−0.001	0.001	0.002	0.003
民族	−0.008	0.008	−0.149*	0.084	−0.112*	0.064	0.269*	0.145
受教育程度								
初中	−0.004	0.006	−0.082	0.067	−0.060	0.043	0.147	0.110
高中或中专	−0.001	0.005	−0.015	0.076	−0.007	0.037	0.023	0.118
专科及以上	−0.002	0.006	−0.025	0.108	−0.013	0.062	0.040	0.175
职业类型	0.006	0.006	0.106*	0.055	0.080*	0.043	−0.191**	0.095
产权关系	−0.001	0.003	−0.011	0.048	−0.008	0.036	0.019	0.087
保护状况	−0.002	0.003	−0.038	0.034	−0.029	0.026	0.069	0.061
自住偏好	0.003	0.003	0.050	0.043	0.038	0.032	−0.091	0.075
家庭年收入	−3E−05	4E−04	−0.001	0.007	−4E−04	0.005	0.001	0.012
县村距离	7E−05	1E−04	0.001	0.001	0.001	0.001	−0.002	0.002
活化利用政策	−0.002	0.002	−0.030	0.022	−0.023	0.016	0.054	0.038

注：1. "极不愿意"选项因相关样本数极少而对应的估计结果缺失；2. ***、**、*分别表示在 1%、5%、10% 的水平下显著。

（二）负向效应

（1）宅基地制度改革降低了产权人对本村古民居活化利用程度的评价。由皮尔逊卡方检验结果可知（见表 6-21），宅改试点地区的产权人对本村古民居活化利用程度的认知总体上与非宅改试点地区有显著差异（在 1% 的水平下显著）。具体而言，在"活化利用程度低"的认知层面，宅改试点地区的产权人认为本村古民居活化利用程度"比较低"和"非常低"的产权人分别占 39.31% 和 24.83%，依序高出非宅改试点地区 12.75 个和 21.70 个百分点。在"活化利用程度高"的认知层面，宅改试点地区认为本村古民居活化利用程度"比较高"和"非常高"的产权人分别占 9.66% 和 4.14%，依序比非宅改试点地区低 12.22 个和 0.55 个百分点。

表 6-21　宅改试点与非宅改试点地区产权人对本村古民居
活化利用程度的评价

单位：%

活化利用程度	是否为宅改试点		卡方检验
	非宅改试点	宅改试点	
非常低	3.13	24.83	
比较低	26.56	39.31	
一般	43.75	22.07	25.791***
比较高	21.88	9.66	
非常高	4.69	4.14	
合计	100.00	100.00	

注：*** 表示在 1% 的水平下显著。

同样，为更科学、准确地评估宅基地制度改革是否显著影响产权人对本村古民居活化利用程度的评价，本书以村级古民居活化利用程度评价为因变量，以宅基地制度改革为核心自变量，并选择性别、年龄、民族、受教育程度、职业类型、产权关系、保护状况、自住情况、家庭年收入、县村距离等 10 个变量作为控制变量（见表 6-22），建立计量模型。

表 6-22　变量说明及描述性统计

变量类型	变量名称	计算方法或赋值说明	均值	最小值	最大值
因变量	村级古民居活化利用程度评价	有序分类变量:非常低=1,比较低=2,一般=3,比较高=4,非常高=5	2.502	1	5
核心自变量	宅基地制度改革	是否宅基地制度改革试点县,是=1,否=0	0.692	0	1
控制变量	性别	虚拟变量:男=1,女=0	0.725	0	1
	年龄	连续变量,单位:周岁	56.133	18	91
	民族	虚拟变量:汉族=1,少数民族=0	0.900	0	1
	受教育程度	分类变量:小学及以下=1,初中=2,高中或中专=3,专科及以上=4	2.299	1	4
	职业类型	虚拟变量:务农=1,非农=0	0.645	0	1
	产权关系	是否拥有古民居的完整产权,虚拟变量:是=1,否=0	0.344	0	1
	保护状况	自家古民居保护状况,有序分类变量:较差=1,一般=2,完好=3	2.344	1	3
	自住情况	古民居是否用于自住,虚拟变量:是=1,否=0	0.505	0	1
	家庭年收入	连续变量,单位:万元	5.068	0.1	30
	县村距离	连续变量:村庄到最近县城的距离。单位:公里	29.546	7	80

据此,本书分别采用 OLS 模型和 ologit 模型进行估计,结果显示两种模型的回归结果具有较高一致性。由于因变量是有序分类变量,因此以 ologit 模型的回归结果为主进行分析。从表 6-23 可知,无论是否引入控制变量,宅基地制度改革变量均显著且系数为负,这意味着宅基地制度改革对产权人对本村古民居的活化利用程度的评价有显著负向影响。

表 6-23　不同模型的估计结果

变量	OLS 模型		ologit 模型		ologit 模型	
	系数	稳健标准误	系数	稳健标准误	系数	稳健标准误
宅基地制度改革	-0.504*	0.276	-1.281***	0.262	-0.991*	0.557
性别	0.123	0.152			0.113	0.296
年龄	-0.003	0.006			-0.006	0.014
民族	-0.691**	0.282			-1.694***	0.502
受教育程度						
初中	0.163	0.220			0.094	0.471
高中或中专	0.146	0.220			0.166	0.469
专科及以上	0.879**	0.379			1.475**	0.724
职业类型	0.195	0.218			0.483	0.380
产权关系	0.080	0.172			0.203	0.353
保护状况	-0.088	0.137			-0.105	0.264
自住情况	-0.343*	0.175			-0.696*	0.388
家庭年收入	-0.052**	0.026			-0.090	0.056
县村距离	-0.016***	0.004			-0.040***	0.010
常数项	4.293***	0.604				
F 值/Wald chi² 值	6.77***		23.96***		58.82***	
对数伪似然值	—		-290.053		-194.697	
拟合优度	0.279		0.037		0.140	
观测值	410		410		410	

注：***、**、*分别表示在 1%、5%、10%的水平下显著。

　　进一步由表 6-24 可知，相比非宅改试点地区，宅基地制度改革会使产权人认为本村古民居活化利用程度"非常低"和"比较低"的概率分别提高 12.0%和 6.0%，但同时会使其认为本村古民居活化利用程度"比较高"的概率下降 7.0%。

　　综上，可得出如下结论：宅基地制度改革会降低产权人对本村古民居活化利用程度的评价。其原因可能有两点：一是主观上宅基地制度改革使产权人对本村古民居活化利用程度有更高的期望或心理衡量标准；二是客观上宅基地制度改革在实践中可能因"宅基地确权"困难而延缓、迟滞了古民居活化利用进程。

第六章　宅基地制度改革促进传统村落古民居活化利用的模式与效应

表 6-24　基于 ologit 模型的边际效应

变量	非常低		比较低		一般		比较高		非常高	
	dy/dx	标准误	dy/dx	标准误	dy/dx	标准误	dy/dx	标准误	dy/dx	标准误
宅基地制度改革	0.120*	0.071	0.060**	0.031	-0.067	0.041	-0.070*	0.038	-0.044	0.028
性别	-0.014	0.035	-0.007	0.019	0.008	0.019	0.008	0.021	0.005	0.014
年龄	0.001	0.002	4E-04	0.001	-4E-04	0.001	-4E-04	0.001	-3E-04	0.001
民族	0.206***	0.060	0.103***	0.036	-0.114***	0.042	-0.120***	0.038	-0.076**	0.030
受教育程度										
初中	-0.012	0.060	-0.005	0.026	0.007	0.036	0.007	0.032	0.004	0.018
高中或中专	-0.021	0.060	-0.010	0.027	0.012	0.035	0.012	0.033	0.007	0.019
专科及以上	-0.144**	0.070	-0.127*	0.066	0.053	0.037	0.115*	0.061	0.103	0.063
职业类型	-0.059	0.045	-0.029	0.024	0.032	0.024	0.034	0.028	0.022	0.019
产权关系	-0.025	0.043	-0.012	0.022	0.014	0.024	0.014	0.025	0.009	0.017
保护状况	0.013	0.032	0.006	0.016	-0.007	0.018	-0.007	0.019	-0.005	0.012
自住情况	0.085*	0.046	0.042*	0.026	-0.047*	0.024	-0.049	0.031	-0.031	0.020
家庭年收入	0.011	0.007	0.006	0.003	-0.006*	0.004	-0.006	0.004	-0.004	0.003
县村距离	0.005***	0.001	0.002**	0.001	-0.003***	0.001	-0.003***	0.001	-0.002**	0.001

注：***、**、* 分别表示在 1%、5%、10% 的水平下显著。

（2）宅基地制度改革降低了产权人对古民居保护性政策法规及其监管力度的评价。根据皮尔逊卡方检验可知（见表6-25），宅改试点地区的产权人对古民居保护性政策法规及其监管力度的评价总体上与非宅改试点地区存在显著差异（在1%的水平下显著）。在"差"的评价层面，宅改试点地区认为古民居保护性政策法规及其监管力度"比较差"和"非常差"的产权人分别占24.66%和16.44%，依序远高于非宅改试点地区的11.29%和1.61%；在"好"的评价层面，宅改试点地区认为古民居保护性政策法规及其监管力度"比较好"和"非常好"的产权人分别占13.01%和8.22%，依序远低于非宅改试点地区的22.58%和20.97%。通过比较上述正反两个层面的评价情况，可推知宅基地制度改革可能会降低产权人对古民居保护性政策法规及其监管力度的总体评价。

表6-25　宅改试点与非宅改试点地区产权人对古民居保护性
政策法规及其监管力度评价

单位：%

保护性政策法规及其监管力度评价	是否为宅改试点		
	非宅改试点	宅改试点	卡方检验
非常差	1.61	16.44	
比较差	11.29	24.66	
一般	43.55	37.67	20.496***
比较好	22.58	13.01	
非常好	20.97	8.22	
合计	100.00	100.00	

注：*** 表示在1%的水平下显著。

在上述统计推断分析的基础上，为更科学、准确地评估宅基地制度改革是否显著影响产权人对古民居保护性政策法规及其监管力度的评价，本书以产权人对古民居保护性政策法规及其监管力度评价为因变量,以宅基地制度改革为核心自变量,并以性别、年龄、民族、受教育程度、职业类型、产权关系、保护状况、自住情况、家庭年收入等9个变量为控制变量(见表6-26),建立相关计量模型。

表 6-26 变量说明及描述性统计

变量类型	变量名称	计算方法或赋值说明	均值	最小值	最大值
因变量	产权人对古民居保护性政策法规及其监管力度评价	保护性政策法规及其监管力度评价,有序分类变量:非常差=1,比较差=2,一般=3,比较好=4,非常好=5	2.952	1	5
核心自变量	宅基地制度改革	是否宅基地制度改革试点县,是=1,否=0	0.692	0	1
控制变量	性别	虚拟变量:男=1,女=0	0.725	0	1
	年龄	连续变量,单位:周岁	56.133	18	91
	民族	虚拟变量:汉族=1,少数民族=0	0.900	0	1
	受教育程度	分类变量:小学及以下=1,初中=2,高中或中专=3,专科及以上=4	2.299	1	4
	职业类型	虚拟变量:务农=1,非农=0	0.645	0	1
	产权关系	是否拥有古民居的完整产权,虚拟变量:是=1,否=0	0.344	0	1
	保护状况	自家古民居保护状况,有序分类变量:较差=1,一般=2,完好=3	2.344	1	3
	自住情况	古民居是否用于自住,虚拟变量:是=1,否=0	0.505	0	1
	家庭年收入	连续变量,单位:万元	5.068	0.1	30

然后,本书分别采用 OLS 模型和 ologit 模型进行估计,结果显示各模型的回归结果具有较高一致性。考虑到因变量是有序分类变量,因此以 ologit 模型的估计结果为主进行分析。从表6-27可知,无论是否引入控制变量,宅基地制度改革变量均在1%的水平下显著且系数为负,这说明宅基地制度改革对产权人对古民居保护性政策法规及其监管力度评价有显著的负向影响。

表 6-27　不同模型的估计结果

变量	OLS 模型		ologit 模型		ologit 模型	
	系数	稳健标准误	系数	稳健标准误	系数	稳健标准误
宅基地制度改革	-0.854***	0.215	-1.253***	0.268	-1.338***	0.353
性别	-0.180	0.170			-0.396	0.302
年龄	0.008	0.008			0.017	0.014
民族	-0.788***	0.234			-1.328***	0.379
受教育程度						
初中	0.033	0.240			-0.020	0.402
高中或中专	-0.007	0.241			-0.101	0.406
专科及以上	-0.230	0.583			-0.621	1.135
职业类型	-0.305	0.185			-0.521*	0.301
产权关系	0.323*	0.186			0.435	0.301
保护状况	0.178	0.154			0.372	0.258
自住情况	-0.362*	0.187			-0.714*	0.336
家庭年收入	0.028	0.025			0.060	0.042
常数项	3.739***	0.669				
F 值/Wald chi² 值	3.84***		21.85***		42.04***	
对数伪似然值	—		-300.643		-245.792	
拟合优度	0.193		0.033		0.074	
观测值	410		410		410	

注：***、**、* 分别表示在 1%、5%、10%的水平下显著。

再进一步来看，表 6-28 显示宅基地制度改革会使产权人认为古民居保护性政策法规及其监管力度"非常差"和"比较差"的概率分别提高 14.4%和 12.3%，但同时会使其认为古民居保护性政策法规及其监管力度"比较好"和"非常好"的概率分别下降 9.3%和 13.4%。

综上，可得出如下结论：宅基地制度改革会降低产权人对古民居保护性政策法规及其监管力度的评价。对此可解释为：宅基地制度改革会使产权人对古民居保护性政策法规及其监管力度有更高的期望和要求。

表 6-28 基于 ologit 模型的边际效应

变量	非常差		比较差		一般		比较好		非常好	
	dy/dx	标准误	dy/dx	标准误	dy/dx	标准误	dy/dx	标准误	dy/dx	标准误
宅基地制度改革	0.144***	0.044	0.123***	0.033	-0.040	0.024	-0.093***	0.025	-0.134***	0.041
性别	0.043	0.035	0.036	0.026	-0.012	0.012	-0.027	0.021	-0.040	0.029
年龄	-0.002	0.002	-0.002	0.001	5E-04	5E-04	0.001	0.001	0.002	0.001
民族	0.143***	0.045	0.122***	0.038	-0.040	0.025	-0.092***	0.031	-0.133***	0.039
受教育程度										
初中	0.002	0.042	0.002	0.037	-0.001	0.010	-0.001	0.027	-0.002	0.042
高中或中专	0.011	0.043	0.009	0.038	-0.003	0.011	-0.007	0.028	-0.010	0.042
专科及以上	0.078	0.163	0.050	0.075	-0.032	0.083	-0.042	0.073	-0.053	0.082
职业类型	0.056	0.035	0.048*	0.028	-0.016	0.014	-0.036*	0.022	-0.052*	0.030
产权关系	-0.047	0.034	-0.040	0.027	0.013	0.010	0.030	0.022	0.044	0.031
保护状况	-0.040	0.027	-0.034	0.024	0.011	0.009	0.026	0.018	0.037	0.026
自住情况	0.077**	0.035	0.066**	0.031	-0.021*	0.013	-0.050**	0.025	-0.071**	0.034
家庭年收入	-0.006	0.005	-0.006	0.004	0.002	0.002	0.004	0.003	0.006	0.004

注：***、**、*分别表示在1%、5%、10%的水平下显著。

（3）宅基地制度改革降低了产权人对古民居活化利用政策法规及其落实力度的评价。皮尔逊卡方检验结果显示（见表6-29），宅改试点地区的产权人对古民居活化利用政策法规及其落实力度的评价总体上与非宅改试点地区存在显著的差异（在1%的水平下显著）。具体而言，在"差"的评价层面，宅改试点地区产权人认为古民居活化利用政策法规及其落实力度"比较差"和"非常差"的产权人分别占26.21%和15.17%，比非宅改试点地区依序高6.54个和11.89个百分点；在"好"的评价层面，宅改试点地区产权人认为古民居活化利用政策法规及其落实力度"比较好"和"非常好"的产权人分别占16.55%和3.45%，比非宅改试点地区依序低4.76个和16.22个百分点。这意味着宅基地制度改革可能会降低产权人对古民居活化利用政策法规及其落实力度的总体评价。

表6-29 宅改试点与非宅改试点地区产权人对古民居活化利用
政策法规及其落实力度评价

单位：%

活化利用政策法规	是否为宅改试点		
及其落实力度	非宅改试点	宅改试点	卡方检验
非常差	3.28	15.17	
比较差	19.67	26.21	
一般	36.07	38.62	20.279***
比较好	21.31	16.55	
非常好	19.67	3.45	
合计	100.00	100.00	

注：*** 表示在1%的水平下显著。

为更科学、准确地评估宅基地制度改革是否显著影响产权人对古民居活化利用政策法规及其落实力度的评价，本书以产权人对古民居活化利用政策法规及其落实力度的评价为因变量，以宅基地制度改革为核心自变量，并选择性别、年龄、民族、受教育程度、职业类型、产权关系、保护状况、自住情况、家庭年收入等 9 个变量作为控制变量（见表 6-30），建立相关计量模型。

表 6-30　变量说明及描述性统计

变量类型	变量名称	计算方法或赋值说明	均值	最小值	最大值
因变量	产权人对古民居活化利用政策法规及其落实力度的评价	活化利用政策法规及其落实力度评价,有序分类变量:非常差=1,比较差=2,一般=3,比较好=4,非常好=5	2.869	1	5
核心自变量	宅基地制度改革	是否宅基地制度改革试点县,是=1,否=0	0.692	0	1
控制变量	性别	虚拟变量:男=1,女=0	0.725	0	1
	年龄	连续变量,单位:周岁	56.133	18	91
	民族	虚拟变量:汉族=1,少数民族=0	0.900	0	1
	受教育程度	分类变量:小学及以下=1,初中=2,高中或中专=3,专科及以上=4	2.299	1	4
	职业类型	虚拟变量:务农=1,非农=0	0.645	0	1
	产权关系	是否拥有古民居的完整产权,虚拟变量:是=1,否=0	0.344	0	1
	保护状况	自家古民居保护状况,有序分类变量:较差=1,一般=2,完好=3	2.344	1	3
	自住情况	古民居是否用于自住,虚拟变量:是=1,否=0	0.505	0	1
	家庭年收入	连续变量,单位:万元	5.068	0.1	30

据此，本书综合运用 OLS 模型和 ologit 模型进行估计，结果显示各模型的估计结果具有较高一致性。由于因变量是有序分类变量，因此以 ologit 模型的回归结果为主进行分析。从表 6-31 可知，无论是否引入控制变量，宅基地制度改革变量均在 1% 的水平下显著且系数为负，这说明宅基地制度改革对产权人评价古民居活化利用政策法规及其落实力度有显著的负向影响。

表 6-31　不同模型的估计结果

变量	OLS 模型		ologit 模型		ologit 模型	
	系数	稳健标准误	系数	稳健标准误	系数	稳健标准误
宅基地制度改革	−0.844***	0.232	−1.080***	0.292	−1.473***	0.437
性别	−0.189	0.170			−0.372	0.326
年龄	0.005	0.007			0.010	0.014
民族	−1.067***	0.240			−1.887***	0.483
受教育程度						
初中	−0.056	0.215			−0.274	0.401
高中或中专	−0.074	0.209			−0.226	0.385
专科及以上	−0.003	0.650			−0.035	1.928
职业类型	−0.218	0.173			−0.391	0.318
产权关系	0.383**	0.177			0.598*	0.330
保护状况	0.162	0.134			0.381	0.252
自住情况	−0.342**	0.172			−0.717**	0.355
家庭年收入	0.022	0.027			0.030	0.055
常数项	4.129***	0.597				
F 值/Wald chi² 值	4.96***		13.73***		46.01***	
对数伪似然值	—		−296.792		−235.335	
拟合优度	0.238		0.024		0.085	
观测值	410		410		410	

注：***、**、*分别表示在1%、5%、10%的水平下显著。

　　另由表6-32可知，宅基地制度改革会使产权人认为古民居活化利用政策法规及其落实力度"非常差"和"比较差"的概率分别提高14.1%和15.1%，但同时会使其认为古民居活化利用政策法规及其落实力度"比较好"和"非常好"的概率分别下降14.2%和10.6%。

　　综上，可得出如下结论：宅基地制度改革会降低产权人对古民居活化利用政策法规及其落实力度的评价。其主要原因可能同样在于宅基地制度改革会使产权人对古民居活化利用政策法规及其落实力度有更高的期望和要求。

表 6-32　基于 ologit 模型的边际效应

变量	非常差		比较差		一般		比较好		非常好	
	dy/dx	标准误	dy/dx	标准误	dy/dx	标准误	dy/dx	标准误	dy/dx	标准误
宅基地制度改革	0.141***	0.049	0.151***	0.042	-0.044*	0.024	-0.142***	0.041	-0.106*	0.041
性别	0.036	0.033	0.038	0.032	-0.011	0.012	-0.036	0.031	-0.027	0.024
年龄	-0.001	0.001	-0.001	0.001	3E-04	4E-04	0.001	0.001	0.001	0.001
民族	0.180***	0.054	0.193***	0.052	-0.056*	0.030	-0.182***	0.054	-0.136***	0.042
受教育程度										
初中	0.025	0.035	0.029	0.043	-0.007	0.010	-0.027	0.040	-0.021	0.030
高中或中专	0.020	0.033	0.024	0.042	-0.005	0.008	-0.022	0.038	-0.017	0.030
专科及以上	0.003	0.163	0.004	0.208	-4E-04	0.028	-0.003	0.188	-0.003	0.155
职业类型	0.037	0.032	0.040	0.033	-0.012	0.012	-0.038	0.031	-0.028	0.023
产权关系	-0.057*	0.034	-0.061*	0.033	0.018	0.012	0.058*	0.033	0.043*	0.026
保护状况	-0.036	0.023	-0.039	0.026	0.011	0.008	0.037	0.025	0.027	0.019
自住情况	0.069**	0.033	0.073**	0.037	-0.021*	0.012	-0.069*	0.037	-0.052**	0.026
家庭年收入	-0.003	0.005	-0.003	0.006	0.001	0.002	0.003	0.005	0.002	0.004

注：***、**、* 分别表示在 1%、5%、10% 的水平下显著。

四 结果讨论

　　基于以上的统计推断和计量模型结果分析，本书量化评估了宅基地制度改革对古民居活化利用的影响效应。总体而言，宅基地制度改革对古民居活化利用产生了积极的正向效应，诸如，宅基地制度改革明确了古民居的产权关系，促进了产权人保护自家古民居的积极性，提高了产权人对古民居的自住偏好及自住率，提高了产权人对古民居活化利用的关注度、重视程度以及提升了产权人活化利用古民居的意愿。但与此同时，宅基地制度改革对古民居活化利用也存在一定的负向效应，例如，宅基地制度改革使产权人对宅基地及古民居的经济价值产生了更高的心理预期，由此降低了产权人对本村古民居活化利用程度的评价、对古民居保护性政策法规及其监管力度的评价，以及对目前古民居活化利用政策法规及其落实力度的评价。

第七章

传统村落与民居建筑保护利用的
国际经验借鉴

国际上于 15 世纪就开始关注历史建筑的保护，特别是欧洲，从 19 世纪陆续颁布了一系列与历史文化遗产保护有关的法律法规，形成了较为成熟的古村落和文物建筑保护机制。综观世界文物保护演变历程，各类历史古迹的保护经历从点（建筑）到面（街区、城市、村镇）、从个体到群体、从城市到乡村的逐步认识与发展过程。国外对古村落（Old Village and Hamlet）的保护是伴随着对历史文化遗产的保护而发展的，针对有历史价值的民居建筑维护更新形成了较为成熟的制度体系与实践经验。

一 世界古村落及民居建筑的保护历程与政策梳理

国外对古村落及其建筑遗产的保护晚于对城市中历史文化遗产的保护，20 世纪 60 年代以后开始针对有历史价值的民居建筑进行维护更新，进而逐渐形成较为综合性、系统性的保护体系。

（一）开始重视城市历史建筑的保护修复（19 世纪初至 20 世纪中期）

早在 15 世纪，国外就开始关注历史文化遗产保护，主要保护对象为历史文物和建筑，直至 19 世纪逐渐受到重视并完善起来。由于当时欧洲拥有丰富的历史文物古迹，因此保护地点主要在欧洲。从 19 世纪中叶到 20 世纪前半叶，建筑遗产保护的三大理论学派就文化遗产的修复原则进行了激烈讨论，相关思想至今仍具影响力。以维欧勒·勒·杜克（Eugène Emmanuel Viollet-le-Duc）为代表的法国学派主张"风格性修复"，认为应将建筑自身的内部结构、风格置入古建筑修复范围之内，强调当代适应性，延续建筑生命周期。在此理论指导下，圣丹尼斯修道院、巴黎圣母院、桑斯议事厅等建筑相继得到修复或重建，英国、荷兰等国也纷纷将之付诸实践，"风格性修复"理念随之风靡整个欧洲甚至远播到了美国、墨西哥等美洲国家。但是，以艺术评论家约翰·拉斯金（John Ruskin）和威廉·莫里斯（William Morris）等为代表的英国学派，严厉抨击了"风格性修复"，他们认为历史建筑具有不可修复性，古建筑由时光流逝带来的老化等过程是必然和有价值的，因而反对一切修复和改动，建议将"修复"方式替换成"保护"方式，并强调修复方式的可识别性。这一思想逐渐在全欧洲传播开来并被广泛接受，增建威斯敏斯特教堂、重修威斯顿会堂、拆除伊顿公学古老校舍、重建海德尔堡城堡等方案被废止。"风格性修复"和"反修复运动"是两种较极端的理念，其实质并不符合历史保护的本义。

19 世纪末，意大利历史建筑保护理论的带头人卡米洛·博伊托（Camilo Boito）系统提出了古迹保护七原则，这成为"文献式修复"

的重要理论支撑，其核心在于历史建筑应被视为不同时期成就叠加而成的一部历史文献，它的每一部分都反映着历史，都应该受到尊重；修复文物建筑时新旧部分的风格应当不同，维修当中应使用易与原有部分相区别的材料，禁止对建筑装饰进行复原。博伊托的学生卢卡·贝尔特拉米（Luca Beltrami）充分认识到了文献档案作为修复基础的重要性，他的方法被称为"历史性修复"，实则与"文献式修复"异曲同工。由此，奥斯塔防御城堡、圣彼得大教堂等都得以修复。20 世纪初，古斯塔沃·乔万诺尼（G. Giovannoni）强调批评和科学的方法，进而为"科学修复"思想及《雅典宪章》（*Athens Charter*）奠定了基础。1933 年 8 月，国际现代建筑协会（CIAM）在雅典会议上制定的一份关于城市规划的纲领性文件——《雅典宪章》提出了对有历史价值的古建筑和地区应保持的态度，"均应妥为保存，不可加以破坏"。它强调了保护对象应具有"能代表某一时期的建筑物，可引起普遍兴趣，可以教育人民"的特征，并进一步提出了保护的基本原则和具体措施。

（二）转向关注历史小城镇和古村落的保护更新（20 世纪 60~70 年代）

第二次世界大战后的经济复苏时期，为了解决住房问题而大规模建造居住场所，高层摩天大楼的出现使得传统民居建筑、古村落一度遭受严重破坏。直至 20 世纪 60 年代，西方公众逐渐意识到之前对传统建筑的破坏使得原来丰富多彩的老城被机械化建筑占据，新的城市失去了原有的历史文脉与肌理。于是西方国家纷纷提出保护历史街区、保护传统建筑、延续古老文化的命脉，并出台了一系列重要的宪章、规定。1964 年，联合国教科文组织（UNESCO）在威尼斯召开了第二届历史古迹建筑师及技师国际会议，会上通过了《国际古迹保护与修复宪章》，即《威尼斯宪章》（Venice Charter）。这是关于文物建筑保护的第一个国际宪章，提出了文物古迹保护的基本概念并扩展了文物古迹的范围，"文物古迹不仅是建筑单体，而且包括具有独特文化或有一定历史意义的城市和乡村环境""对文物古迹的保护必须扩大到一定的周围环境"。《威尼斯宪章》将文物古迹保护的概念、原则上升到了国际准则，具有非常重要的意义，起到了里程碑的作用。

1972 年，联合国教科文组织正式颁布了《保护世界文化和自然遗产公约》（简称《世界遗产公约》）和《各国保护文化及自然遗产建议案》，将世界遗产的范围从历史文物、建筑群扩大到自然区（具有历史文化价值的自然区），"自然遗产"、"文化遗产"和"世界遗产"等词语开始在国际社会广泛传播，世界各国对历史文化遗产保护的重视逐渐增强。1975 年，国际古迹遗址理事会（ICOMOS）通过了《关于保护历史小城镇的决议》，强调对历史小城镇的保护必须根据自身特点来制定相应的策略，必须在尊重原始风貌、结构、风俗的基础上展开保护措施，促进公共服务设施建设，提出经济开发与历史风貌保护之间的矛盾。随后的 1976 年，联合国教科文组织通过了《关于历史地区的保护及其当代作用的建议》（也称《内罗毕建议》），指出历史地段的保护包括史前遗址、历史城镇、老城区、老村庄、老村落以及相似的古迹群等广泛内容，强调了历史环境的内容包括物质形态环境和人文环境。由此，历史文化遗产保护从文物古迹扩大到历史地区，进而扩大到人文环境。

（三）更加重视古村落及其民居建筑的保护发展（20 世纪 80 年代至今）

自 20 世纪 80 年代以来，国际社会更加注重对乡村遗产的保护，保护程度也随之深化，逐渐形成了较为系统的乡村文化遗产保护体系。1982 年，国际古迹遗址理事会通过了《关于小聚落再生的 Tlaxcala 宣言》，对包括乡村聚落和小城镇在内的小聚落保护再次做了专门阐述，指出乡村聚落和小城镇的保护必须包括历史、社会、人类、经济等多方面内容，在保护实施过程中运用当地材料和传统建造技术，强化地方文化特征。1987 年，国际古迹遗址理事会在总结多年来各国历史环境保护的理论与实践经验基础上，通过了《保护历史城镇和城区宪章》（也称《华盛顿宪章》），指出历史城镇的保护工作是城镇经济和社会发展政策以及各层次城市和地区规划的组成部分，要用法律、行政和财政等多种措施和手段来保证规划的实施，并应得到居民的支持。1999 年，国际古迹遗址理事会通过了《关于乡土建筑遗产的宪章》（也称《墨西哥宪章》），提出乡土建筑、建筑群和村落的保护应尊重文化价值和传统特色，其乡土性的保护要通过维持和保存有典型特征的建筑群、村落来实现。此后，联合国教科文组织公布的世界村镇文化遗产数量递增，历史小城镇和古村落的保护日渐成为国际历史文化遗产保护领域关注的热点。

与此同时，这些国际决议、宣言和宪章的颁布，有力地推动了世界各国对于历史村镇和古村落保护的实践进程。一些发达国家如美国、法国、英国和日本等，根据历史文化遗产的特色与具体情况，纷纷建立乡土建筑遗产登录制度、成立保护协会、筹措专项保护资金等，取得了良好的保护效果。例如，1980 年，美国为帮助小城镇保护历史性中心区，国家信托基金设立了国家主要街道中心。在法国，截至 2009 年，划定的 227 个建筑、城市和风景遗产保护区及 600 个预备保护区清单中，大多数保护区位于乡村（吴桢楠、冯四清，2010）。日本是较早进行古村落保护研究的国家，随着《古都保存法》和《文物保护法》的颁布实施和城镇村落保存对策协会的成立，越来越多的历史城镇被列为"传统建筑群保存地区"，并得到有效保护。并且，始于 1966 年的"风土记之丘"事业，对遗址集中地区进行环境整治改善的同时，收集了大量村落的考古资料、民俗资料、古旧文档资料等，并迁移、改建了部分传统村落民居。日本学者原广司、藤井明等从 1972 年开始走访和调查了世界 40 多个国家的 500 多座聚落，并详尽地分析了这些聚落的生态、环境、历史、人文等发展历程（田华，2019）。

由此可见，国外历史文化遗产保护的对象范围由城市到乡村不断扩大、保护内容更加丰富、保护技术方法更加综合化。保护对象从文物建筑单体扩大到历史地段、周围环境，保护内容从物质形态逐步延伸到文化生活，保护方式从技术型修护转变为多学科参与的综合性保护，参与人员也从专业人员扩展到社区居民。表 7-1 梳理了世界历史建筑文化遗产保护的相关文件。

表 7-1　世界历史建筑文化遗产保护的相关文件梳理

年份	发文机构	文件名	关于保护利用的相关内容
1933	国际现代建筑协会（CIAM）	《雅典宪章》	提出了针对城市设计中"四大活动"的优化建议，并专门讨论了"有历史价值的建筑和地区"的相关概念，提出"不可加以破坏"的保护原则，并进一步阐述了保护的现实意义

续表

年份	发文机构	文件名	关于保护利用的相关内容
1964	联合国教科文组织（UNESCO）	《国际古迹保护与修复宪章》（也称《威尼斯宪章》）	明确界定了"历史纪念物"应包含建筑及与之相互依存的周围环境，泛化了保护对象；明确了保护的"真实性"原则
1972	联合国教科文组织（UNESCO）	《保护世界文化和自然遗产公约》（简称《世界遗产公约》）	明确界定了文化遗产和自然遗产的概念及范畴
1975	国际古迹遗址理事会（ICOMOS）	《关于保护历史小城镇的决议》	将历史小城镇按照规模大小、文化内涵和经济功能划分为不同类型；提出了历史小城镇保护的概念以及原则、策略
1976	联合国教科文组织（UNESCO）	《关于历史地区的保护及其当代作用的建议》（也称《内罗毕建议》）	明确了历史地区的概念和范围，进一步拓展了历史文化遗产保护范围，涵盖历史城市、古城区、古遗迹群体，完善了世界历史文化遗产保护体系
1982	国际古迹遗址理事会（ICOMOS）	《佛罗伦萨宪章》	将城镇历史建筑保护内容拓展到历史园林区域。强调城镇历史建筑保护必须与社会经济共同发展，历史建筑的保护与城镇的规划、城镇的设计密切相关
1982	国际古迹遗址理事会（ICOMOS）	《关于小聚落再生的 Tlaxcala 宣言》	具体阐述了小聚落保护的内容，以及实施过程中的建造技艺必须强化地方文化特征
1987	国际古迹遗址理事会（ICOMOS）	《保护历史城镇和城区宪章》（也称《华盛顿宪章》）	明确了历史城镇的保护规划要用法律、行政和财政等多种措施和手段来实施
1994	世界遗产委员会（WHC）	《奈良原真性文件》	特别关注了历史建筑遗产真实与否的问题，提出历史建筑遗产价值的认定应该包括：遗产的历史信息可信、完整，在历史上真实存在过，能够较完整地还原历史建筑的面貌
1999	国际古迹遗址理事会（ICOMOS）	《关于乡土建筑遗产的宪章》（也称《墨西哥宪章》）	指出了乡土建筑、建筑群和古村落的保护必须尊重当地的文化价值和传统特色
2001	联合国教科文组织（UNESCO）	《世界文化多样性宣言》	强调必须保护、传承记录着人类经验和理想的一切形式的文化遗产，以便促进多种多样的创造力的发展，鼓励文化间真正的对话

续表

年份	发文机构	文件名	关于保护利用的相关内容
2005	国际古迹遗址理事会(ICOMOS)	《西安宣言》	将历史环境对于遗产和古迹的重要性提升到一个新的高度
2005	联合国教科文组织(UNESCO)	《保护和促进文化表现形式多样性公约》	认识到文化多样性是人类的共同遗产,应当对其加以珍爱和维护,并以互利的方式为各种文化的繁荣发展和自由互动创造条件
2007	联合国教科文组织(UNESCO)	《北京文件》	重新理解"真实性"。真实性为信息来源的可靠性,任何维修与修复的目的应是保持这些信息来源真实且完好无损。代表了中国文物建筑保护理论的一大进步
2008	国际古迹遗址理事会(ICOMOS)	《文化遗产地解说与展示宪章》(也称《艾兰姆宪章》)	强调由解说与展示所实现的公众沟通,在广义的遗产保护过程中具有重要地位

二 国外古村落民居建筑保护利用的模式经验

(一) 法国："去空心化"的复苏更新模式

古村落伴随"空心化"而出现的衰落现象是一个全球性议题,西方发达国家在城镇化进程中也普遍经历了城乡发展失调的问题。二战后的法国经历了快速的城镇化运动和乡村改造运动,在短短30年农业人口占比从50%锐减到7%。20世纪80年代法国的乡村"空心化"现象相当严重,大量保存着古典民居建筑的传统村落沦为无人区。如何吸引人口回流、复兴乡村、改善乡村人居环境成为重要议题。为了扭转城乡发展失调的不利局面，法国政府积极推行了《传统村落保护与复兴计划》，经过 20 多年的建设，到 21 世纪初法国绝大部分地区的乡村实现了复苏，多达 1300 个"欧洲古典文化村落"成为法国旅游业的王牌，其所提供的优质旅游服务以及得到妥善保护的乡村自然与人文环境是吸引游客的最大法宝。

1985 年，法国政府打出了涵盖经济、文化等多个部门的保护传统村落政策组合拳，其要点体现在以下三个方面。第一，制定严格的法律制度，为"原真性"修复古村落民居提供制度保障。摒弃"博物馆式"被动保护古村落民居的模式，积极推进古村落原汁原味活态化保护的新思路，对"什么可以动，什么不能动"有明确的制度规定，避免由添置现代化生活设施而造成的破坏，如果确有需要进行改造的，必须通过政府严格的申请审批，这为古村落民居的保护性设计划定了不可逾越的红线。另外，在市镇政府主导下，成立"建筑、城市与景观遗产保护区"，使乡村历史文化遗产保护制度与地方城市规划的编制有效衔接。

第二，在全域范围内推行城乡一体化运动，即用 10 年时间实现乡村基础设施建设水平与城镇持平。20 世纪 70 年代，法国政府对乡村复兴实施了强干预政策，通过《乡村整治规划》《地区发展契约》等一系列法令进行乡村整治与规划，涵盖乡村交通、水利、电力、教育等常规性基础设施，以及通信网络、乡村医疗、文化服务等建设内容。2005 年，法国政府又实施了"卓越乡村"项目，着力提升乡村人口的生活质量。这一政策实施的难点是解决乡村专业建设人才匮乏的问题，为了吸引建筑师将工作重心从城市转向农村，法国政府采用了中央与地方按比例集资的办法设立乡村基础建设基金，以高于城市建筑设计费和提供施工补贴的办法鼓励年轻建筑师建设乡村。这一措施吸引了大批回乡支援的"新乡贤"，以他们的知识、技艺、资金、文化参与传统村落的保护，主要包括通过对村民住宿的改造，发展以私人民宿经营为主的旅游业，以及将简易房或废弃楼改造成村公所和乡村小学校。

第三，鼓励民间社会组织积极参与古民居活态化保护利用。成立于 1982 年的"最美乡村协会"，是法国最具影响力的乡村保护协会之一，分布在 21 个大区 68 个省，建成了 155 个最美乡村，对乡村传统文化的保护发挥了积极作用。① 这些政策吸引了全欧洲各大建筑机构的优秀设计师参与古村落整体风貌保护和古民居室内装修改造，活态化保护观念也在全世界树立起了法国古村落的文艺形象，使得很多游客迷恋法国田园生活。

得益于乡村复兴计划的推行，法国古村落的住房条件、交通条件和基础设施等得到极大改善，提高了"城市人"回到乡村定居或是短暂居住的可能性，此外还吸引了大量游客，发展乡村旅游带来了更多的就业机会，乡村的产业功能也得到拓展。

（二）意大利：特色村落"合力抱团"发展模式

作为传统的农业大国，意大利对于乡村建筑遗产的保护和研究开展较早，在古村落与传统民居保护上，建立了一套独特且完善的体系。五渔村（Cinque Terre）传统民居的保护工作就是其中的典型案例。五渔村是坐落在意大利利古里亚大区（Regione Liguria）东海岸的五个传统村落的统称，包括韦尔纳扎（Vernazza）、科尔尼利亚（Corniglia）、马纳罗拉（Manarola）、蒙特罗索（Monterosso al Mare）

---

① 人民号：《法国乡村建设特点与成效，值得学习！》，https：//rmh. pdnews. cn/Pc/ArtInfoApi/article? id＝31772902。

及里奥马焦雷（Riomaggiore）。为了适应陡峭山坡和深谷的复杂地形，五渔村的居民建造了独具特色的传统民居，形成了起伏错落的梯田式景观层次。但是，从20世纪70年代开始，伴随意大利城市化的迅速发展，五渔村面临着人口流失和老龄化的问题。传统生活方式的改变和传统农业活动的废弃，使当地传统民居面临衰退的危机。

为了遏制衰退的势头，当地政府建立了多方位的保护与开发体系。一是利用法律、规划等手段，对文化遗产区域的建设行为进行了严格的限制，保证了传统民居本身的完整性和原真性。1985年，利古里亚大区政府颁布的《自然与环境重要核心区域的认定与管理体系：布拉科梅斯科/五渔村/蒙特马塞罗》详细阐明了五渔村保护工作的运作机制。在1997年和1999年五渔村先后被遴选为世界文化遗产地和意大利国家公园后，相关的保护利用工作得到了更多重视。1999年11月，利古里亚大区与意大利文化遗产部共同签署了《文化景观领域合作谅解备忘录》，其中明确了"需要优先恢复居住环境、保护文化景观，以改善当地社区的发展和生活质量"的保护目标。2006年，热那亚大学建筑学院、五渔村国家公园和利古里亚大区艺术与文化局联合编制了《五渔村国家公园乡土建筑遗产修复干预准则》，对五渔村内的传统民居开展系统调查，并根据实际保存现状，制定了一系列保护修复与利用方案。

二是人居环境更新以人为本，景观塑造尊重自然和传统文化。为减少人口外流，重建乡村地方特色，五渔村遵循人与自然发展的基本法则，充分保障当地居民的利益，注重传统村落的乡土性、生态性和延续性，在保持原有村容村貌和人文特色基础上，因地制宜地引入新的设计。五渔村广泛吸纳政府、高校、民间团体等不同力量参与区域规划建设，既可以提供专业支持，也可以代表不同群体的利益诉求。特别是地方行动小组（Gruppo di Azione Locale，GAL）的参与，有效弥补了政府工作的不足之处。GAL 的主要工作是联合其他社会角色编写乡村建成遗产导则（Manuale），为保护和修缮提供实际指导，其成员通常由管辖范围内的公私实体、社会性组织或居民组成，尽可能涵盖各类社会角色，以求最大限度反映实际问题，满足公众的利益需求。其中银行、政府和社会性组织是主要成员，负责从不同的角度针对乡村问题提出解决方案、申请资金，并由政府对资金进行监管。

三是大力发展特色产业，多渠道拓展原住民收入。五渔村曾以农业为主要的经济产业，为保持原有的产业优势，原住民围绕当地作物发展特色农产品加工业和休闲农业，并利用自家民居发展民宿和乡村旅游，多渠道增加收入。当地政府还通过组织土特产品质评选比赛、土特产节、种植知识分享会、手工制作活动、知名建筑师讲座以及五渔村历史照片展等各类活动，激发村民对家园的热爱之情，增强他们自主建设家园的信心。

四是发挥"抱团取暖"的协同优势，塑造村落品牌形象。欧洲的历史村镇具有管理历史较长、起步较早、注重"抱团取暖"的协同优势。五渔村以"打包"的方式申报世界遗产地和国家公园，加强与周边村落间的互动与联系，将村庄品牌、旅游品牌、农产品品牌进行整合，发挥区域聚集效应和规模效益，并形成各村落之间差异联动的产业布局，促进了村落群体的协同发展。在一系列保护更新措施的推动下，五渔村保持着完整的乡村风貌和生态平衡，在发展经济的同时促进了原住民自发保护村落和民居的积极性，使村落长久释放魅力和活力。

（三）日本：原住民集结保护原生态民居模式

白川乡合掌村位于日本岐阜县西北部白山山麓，是四面环山、水田纵横的安静山村。这里交通不便、开发较晚，但自然生态环境保存较为完好。村内房舍外貌酷似双掌合拢的"合掌造"的茅草屋建筑特色十分突出，木屋屋顶设计成正三角形，可使屋顶最大限度承载厚重的积雪，同时有利于积雪自然滑落。合掌村因德国建筑师布鲁诺·塔特的《再探美丽的日本》一书名声大噪，被誉为"日本传统风味十足的美丽乡村"，1995 年被列为世界文化遗产。合掌村也曾面临乡村景观受损的威胁。第二次世界大战后，随着经济的发展，村民向城镇集中，一些"合掌造"被卖掉或被改造，村落景观逐渐发生变化。1975 年，地方政府开始向国家提出要保护重要传统遗产历史建筑的申请，合掌村建筑群随后被认定为日本重要传统建筑物群保存地区，属重要的"文化财产"，并创造出一系列独特的乡土文化保护措施。

一是高度重视原生建筑的保护，并制定出台严格的开发规则。为保护独有的自然环境与开发景观资源，村民自发成立了"白川乡合掌村集落自然保护协会"，制定了白川乡的《住民宪法》，规定合掌村的建筑、土地、耕地、山林、树木"不许贩卖、不许出租、不许毁坏"的"三不"原则。还制定了《景观保护基准》，针对景观开发中的改造建筑、新增建筑、新增广告牌、铺路、新增设施等都做了具体规定。要求水田、农田、旧道路、水路等山村的自然形态必须原状保护，不能随意改动。凡有要改造或新建住房，都必须事先提交房屋外形的建筑效果图和工程图，说明材料、色彩、外形和高度，得到批准后才能动工。有了"白川乡合掌村集落自然保护协会"的长期严格监管，合掌村的整体风貌一直保存完好。

二是发展民宿项目，挖掘传统民俗文化。由于留宿过夜、享受农家生活的游客越来越多，合掌村开始了民宿经营。为迎合游客的居住习惯，合掌村在保持古民居建筑风貌不变的情况下，将古民居内部重新做了改装，植入现代化家庭设施，但依然保留了一些可观赏的具有历史意义的民俗文化。例如，有的民宿专门收藏了各种乡土玩具、木雕等手工艺品，增加了民宿观赏乡土特色和民间艺术的乐趣，旅客在住宿中能感受到乡村民风的朴实与温馨。为吸引游客观赏，合掌村充分挖掘以祈求神祇保护、道路安全为题材的大型传统节日——"浊酒节"，在节日当天举办隆重仪式，从祝词到乐器演奏、假面歌舞、化妆游行以及服装道具等进行系统设计。原住民还组织富有当地传统特色的民歌、民谣表演，并将传统手工插秧、边唱秧歌边劳作的方式开发为游客可以参与体验的项目。

三是深度结合生态旅游业与传统农业产业。合掌村将农业生产项目作为旅游开发中的观赏点，就地销售农产品。合掌村大力发展水稻、荞麦、蔬菜、水果、花卉种植和养蚕、养牛、养猪、养鸡等传统农副产品生产及加工业，把这些农业生产项目设置在旅游区中，旅游区既是农耕农事活动地又是旅游观光点，引导游客品尝新鲜农产品，进而购买有机农产品。这种因地制宜、就地消化农产品的销售方法，减少了运输及人力成本，大大提高了当地居民的经济收入。

（四）经验启示

上述国家典型经验的启示是要做好以下三个结合。首先，自上而下与自下而上的保护方式相结合。国外在传统村落和民居建筑的保护利用中，既有政府的顶层设计，也有本地村民自治组织的积极参与，并且在资金筹措方面，也引进了社会公益资金的力量以解决财政资金覆盖不足的问题，实现了多方合力的高效保护。而我国传统的文化遗产保护方式是自上而下的，这种方式忽略了本地居民的参与，导致本地居民积极性不高，保护难度较大。因此应该动员广大群众和民间组织的力量，使其主动投身传统文化的传承发展，并对传统村落的保护发展进行监督和指导。

其次，良好的制度设计与有效执行相结合。要激励公众主动参与传统村落和古民居的保护利用，就需要对公众参与的渠道、方式、内容、流程与奖励等建立相应的制度规范，并且在实际操作过程中贯彻执行。鉴于目前公众在我国传统村落保护发展中参与不足的现状，应在公平、系统、有效原则的基础上，重点设计与完善公众参与激励机制，主要包括公众参与权利保障机制、利益表达机制、利益分配机制、信息反馈机制以及监督管理机制等，逐渐实现传统村落保护公众参与的程序化、科学化和制度化。

最后，自身发展与"抱团取暖"相结合。传统村落在立足自身发展的同时，还应该联合地域邻近、禀赋条件类同的村落发挥协同优势，扩大遗产保护范围，形成地理上或文化上的有机脉络，通过发展集群效应，最大限度实现经济收益。

第八章

未来展望与政策建议

一 未来展望

（一）未来发展趋势：宏观视域

1. 新一轮宅基地制度改革试点将为古民居活化利用带来更多机遇和更广阔空间

自 2015 年以来开展的农村宅基地制度改革试点给传统村落古民居活化利用带来了积极影响，随着新一轮宅基地制度改革试点不断向纵深推进，村落闲置古民居的活化利用将迎来更多潜在的机会和更具活力、更为广阔的发展空间。据本书调查，松绑宅基地制度是目前产权人希望出台的第三大活化利用古民居的政策举措。如图 8- 1 所示，在所有受访产权人中，希望政府加大财政投入（排序第一）的占 27.26%，希望有专业人才带动的占 15.79%，希望有市场机制引导的占 14.10%，希望激励社会力量参与（排序第二）的占

19.74%，希望松绑宅基地制度（排序第三）的占 16.35%，希望强化监管制度的占 5.45%，而希望出台其他举措的仅占 1.32%。

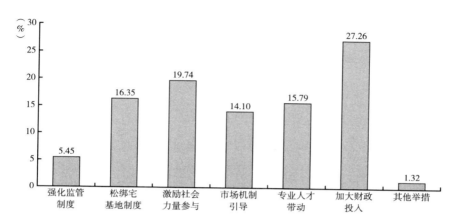

图 8-1　受访产权人希望出台的主要政策举措

此外，从现实情况来看，古民居活化利用与宅基地制度改革试点有效衔接具有较扎实的基础。一方面，宅基地制度改革试点关联形成的一系列制度成果可供参考。例如，宅基地集体所有权的行使机制，宅基地农户资格权保障机制，农民住房财产权（含宅基地使用权）抵押融资风险缓释与补偿机制，宅基地征收、流转、退出、经营等收益主要由农民获得的保障机制，以及进城落户农民依法自愿有偿退出宅基地的方式与机制。另一方面，普通闲置农房盘活利用的成熟经验可资借鉴。地方可从实际出发，采取差别化的办法，对古民居活化利用的特殊性政策实行分类处置，促使其向常规性、长期性政策转变。

2. 共享经济将为古民居活化利用引入新理念、指明新道路

共享经济是指借助网络第三方平台，基于闲置资源使用权的暂时性转移，实现生产要素的社会化，提高存量资产的使用效率以创

造更多价值，促进社会经济的可持续发展。2017 年，为唤醒农村"沉睡"房屋，让闲置农房"活"起来，安徽省将共享经济理念引入农业农村，率先探索了"共享农房"模式，这是城乡"共享经济"的一种创新，标志着共享经济完成了从城市走向农村的一次重要跨越。2018 年，中央一号文件第三部分"提升农业发展质量，培育乡村发展新功能"中第三条提到了"发展乡村共享经济"。其中，乡村共享经济是以促进农民增收为主要目的，通过整合、转移、盘活农村闲置房屋、农田、农技、资金等资源的使用权，发展观光农业、民宿、游赏体验、健康养生等服务业，满足投资者投资需求、消费者享乐诉求，实现多方共赢的一种经济模式。当前，全国各地乡村共享经济虽面临缺乏政策引导、资金支持、产业背书及技术含量等几大难题，但其发展却方兴未艾，浙江桐庐、安吉等地区的乡村旅游业和云南大理、丽江的民宿业成效尤为显著，成为推动当地农业农村发展的新动能和其他地区争相效仿的样板。未来，随着人们思想观念、现代生活理念的变化和文化消费、生活方式日趋多元化，农房租赁市场将蓬勃发展，在此背景下"共享古民居"模式也会应运而生。与城市已经发展成熟、适合观光旅游的"短期共享民宿"模式不同，"共享农房"的租约期往往在 5~30 年，租客可根据自己喜好，翻修房屋内外及院落，真正回归"乡居"或利用农房创业。农民除了租金收益外，还可就地"转业"成为物业服务人员，提供保洁、餐饮等服务获取收益。

3. 数字经济将为古民居活化利用全面赋能和扩张提速

数字经济也称智能经济，其构成包括数字产业化（即信息产业或数字经济基础部分）和产业数字化（即数字经济融合部分）两大部分。其中，产业数字化是指使用部门据此带来的产出增加和效率提升，包括传统产业由于应用数字技术所带来的生产数量提高和生产效率提升，其新增产出是数字经济的重要组成部分。随着云计算、互联网、大数据、人工智能等数字技术的快速创新与应用，数字经济不仅正成为全球经济社会发展的重要引擎，而且已加速向农村广泛渗透，为农村数字化建设提供了良好契机。2019年，中共中央办公厅、国务院办公厅印发的《数字乡村发展战略纲要》指出，要立足新时代国情农情，将数字乡村作为数字中国建设的重要方面，加快信息化发展，整体带动和提升农业农村现代化发展。这说明未来应充分借助现代信息技术、数字化知识和信息，深入推动农村数字经济为乡村古民居活化利用赋能。例如，通过卫星、航空、地面无线传感器等"天空地"一体化的数据采集系统，让古民居确权登记后"上图入库"；通过互联网、云计算、大数据等信息技术，打造互联互通、高效运转的"一门式办理""一站式服务"智能平台，提升古民居活化利用供需对接服务能力。

（二）发展意愿或诉求：微观视角

1. 产权人层面

第一，近七成的产权人希望参加古民居活化利用的相关政策法规培训。如图8-2所示，在所有受访产权人中，希望获得古民居活化利用政策法规培训者占比达68.78%（包括"非常希望"和"比较希望"两类），持"无所谓"态度者占28.29%，表示"不希望"（包括"不太希望"和"完全不希望"两类）者仅占2.93%。

第二，产权人对自家古民居的处置意向以外观整治、增加生活设施及改变房屋内部结构为主。如图8-3所示，在所有受访产权人

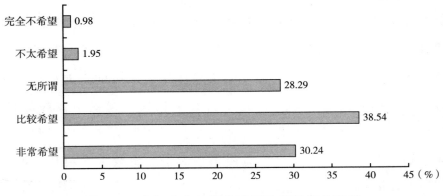

图 8-2　产权人参与相关政策法规培训的意愿

中，需增建或扩建者占 15.60%，需拆除新建者占 10.74%，需改变房屋内部结构者占 21.99%，需外观整治者占 26.34%，需增加生活设施（给排水、供电等）者占 22.51%，需其他方面改善者占 2.81%。

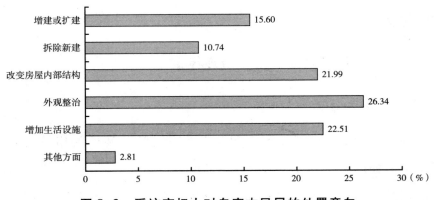

图 8-3　受访产权人对自家古民居的处置意向

第三，愿"整体利用"（整栋）与"部分利用"（部分房间）的产权人数量相当。本书调查数据显示，对于是否愿意利用自家古民居实现增收，49.25%的受访产权人表示愿将整栋文物建筑用来增加收入，43.22%的受访产权人表示愿将其中部分房间用来增加收入，仅7.54%的受访产权人明确表示拒绝。

第四，超八成的产权人愿意活化利用自家古民居，相关市场规模可期。本书调查发现，对于活化利用自家古民居的意愿，49.04%的受访产权人表示非常愿意，31.73%的受访产权人表示比较愿意，15.87%的受访产权人持无所谓态度；相比之下，表示不太愿意和很不愿意的受访产权人分别只占2.40%和0.96%（见图8-4）。

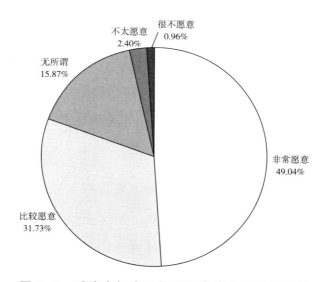

图8-4 受访产权人活化利用自家古民居的意愿

第五，过半数的产权人愿将自家古民居用于发展民宿和展览馆。本书调查发现，对于自家古民居未来可以发展的项目类型，39.06%的受访产权人愿用于发展民宿，20.50%的受访产权人愿用作展览馆，13.85%的受访产权人愿用于发展餐饮，4.99%的受访产权人愿用作办公场所，15.79%的受访产权人愿用作出租居住，剩下5.82%的受访产权人愿用作发展其他项目。

2. 村干部层面

第一，约八成村干部希望借助、发挥"政府+村集体+开发商"的力量来活化利用古民居。本书调查发现，对于活化利用古民居需借助的力量类型，28.89%的受访村干部希望借助、发挥政府力量，28.89%的受访村干部希望借助、发挥村集体力量，22.22%的受访村干部希望借助、发挥开发商力量，4.44%的受访村干部希望借助、发挥农民合作社力量，15.56%的受访村干部希望借助、发挥村民（产权人）力量。

第二，多数村干部倾向采用"以开发商为主、政府为辅，统一进行商业开发"的运营模式。本书调查发现，对于本村古民居活化利用的运营模式，75.00%的受访村干部希望"以开发商为主、政府为辅，统一进行商业开发"，25.00%的受访村干部希望"多个开发商协作开发"，而"政府决定一切"或"村民自主发展"均不在受访村干部的期望之列。

第三，村干部最希望利用古民居发展古村名胜风景区、民俗文化村和酒店式度假村。本书调查发现，对于本村古民居活化利用的发展方向，24.39%的受访村干部希望发展古村名胜风景区，17.07%的受访村干部希望发展农业体验度假，19.51%的受访村干部希望发展民俗文化村，19.51%的受访村干部希望发展酒店式度假村，17.07%的受访村干部希望发展艺术创客，另外2.44%的受访村干部希望往其他方向发展。

（三）风险警惕：宅基地制度改革视角

宅基地制度改革涉及农民的切身利益，十分敏感且复杂。尽管宅基地制度改革有助于缓解传统村落古民居利用之难，但随着改革探索迈入深水区，不同群体之间的利益分歧逐渐显露，加之改革导向与政策执行可能出现偏差，改革过程存在一定风险，这势必会联动、传导到古民居，须高度重视、提前谋划、防患未然。

第一，防范居住与福利保障功能弱化的潜在风险。宅基地制度改革强化了宅基地的财产性功能，但也由此弱化了宅基地的住房保障性功能，存在使农民利益受损的风险。宅基地制度改革强调的是对宅基地使用权转让、退出、抵押等盘活土地资源方式的探索，闲置古民居在多种盘活方式推动下实现了有效利用与优化配置，但需要注意的是，一些非闲置宅基地（如延续居住功能的古民居）可能会受市场经济利益驱动也进行转让，当部分农民低估外出"非农化"就业的风险，而将宅基地和古民居使用权转让后，一旦遭遇就业、创业失败或无法融入城市生活，则可能衍生出"城市无居、乡村无宅"的窘境，引发社会不安定、不稳定。

第二，防范乡村精英获取政策资源的潜在风险。宅基地使用权流转使分散的使用权集聚到少数人手中，在乡村内部分利格局下，宅基地及古民居利用的话语权极易被乡村精英获取，应及时发现并防范。一是防范村干部的不正当行为。村干部是体制内精英的代表，通常是自上而下信息传递的最后一环，也是自下而上利益诉求表达的首个环节，故而他们掌握更多的乡村变革信息，并在很大程度上主导着村庄话语权。在使用权财产性权能增强过程中，率先感知到宅基地改革红利的村干部，可能利用职务之便转入宅基地使用权，以实现自身利益最大化。二是防范经济精英的不当获取行为。乡村经济精英包括种养大户、家庭农场主、合作社带头人等，他们虽然在获取政策信息时不如村干部敏感，但比普通农民拥有更雄厚的经济实力和更敏锐的商业头脑，一旦发现宅基地使用权流转的市场价值，容易产生投机倾向进而谋取利益。

第三，防范城市资本不规范开发利用的潜在风险。宅基地制度改革促进城乡资本要素双向流动，未来将有更多城市资本进入宅基地市场，应谨防城市资本的不规范行为。一是严防享受型宅基地流转。传统村落的慢节奏生活氛围、丰富的文化基因、相对低廉的居住价格是很多城市居民心之向往的度假和未来养老场所，但城市居民租下后季节性地往来于城乡之间，可能造成流转后的古民居二次闲置。二是严防投机型宅基地流转。宅基地使用权权能的逐步完整，使其财产权益进一步加强，城市资本为了分享改革红利，可能大规模流转、囤积宅基地和古民居，以期谋取更多利益。

鉴于宅基地制度改革可能带来的风险，未来应加强政策执行过程中的监控，在多方主体利用格局中注重古民居的保护与农民合法权益的保障。

二　政策建议

当前，受资源禀赋、经济发展、村庄空心化程度及农民思想观念等因素影响，不同区域传统村落中古民居存量与功能差别较大。与此同时，由于历史条件、人地关系和宅基地功能不一，宅基地制度改革在各试点地区的进展存在较大差异，需要因地制宜、分类施策。因此，在宅基地制度改革框架下，对古民居的活化利用应当充分考虑地域、文化、用途、功能等诸多方面差异，并尊重产权人自身条件和不同诉求，有重点、分步骤、差别化地进行探索创新。此外，需要指出的是，对于传统村落古民居中的特殊类别——列入文物保护单位的民居类文物建筑，应采取特殊、谨慎的措施加以保护利用。

（一）借助"房地一体"宅基地确权登记成果，建立健全古民居闲置监测机制

古民居的活化利用必须以明确的产权权属、摸清资源底数为前提。为此，首先要加快推进农村"房地一体"宅基地确权登记颁证工作，利用"房地一体"不动产登记及权籍调查成果，开展古民居确权登记后"上图入库"工作。以县域为单位，开展"一村一梳理、一户一调查"的闲置古民居专项调查，识别、摸清传统村落中常年闲置、季节性闲置等不同闲置类型古民居的数量、面积、空间分布、权属状况以及保护级别等信息，分类制定古民居活化利用方案。在此基础上，推进数字化、信息化技术在古民居保护利用领域的应用，开发闲置古民居数据库管理信息系统（DBMIS），利用大数据全程监管，实时收集日常保护、主体变更、修缮改造、开发用途、利益分配等信息数据，并及时对违规修缮、风貌破坏、权属争议、管理不善等问题进行智能预警，从而推动古民居精细化、精准化保护利用。

（二）拓宽宅基地复合性功能和转让交易范围，筑牢古民居活化边界与保护底线

赋予宅基地完整的用益物权，并逐步扩大转让交易范围，是推动古民居市场化流转的根本之策。一方面，从立法上对宅基地用途予以拓展。鉴于刚性的宅基地用途管制无法有效契合现实需要，2021 年 1 月，自然资源部、国家发展改革委、农业农村部印发的《关于保障和规范农村一二三产业融合发展用地的通知》提出，"在符合国土空间规划前提下，鼓励对依法登记的宅基地等农

村建设用地进行复合利用"。这一规定的出台为宅基地功能拓展提供了政策依据。因此，为了更好地服务乡村特色产业发展，应从立法层面肯认宅基地的复合性用途，同时也消除与企业经营活动有关的配套法律法规和政策中对宅基地用于营业场所的歧视。但是，考虑到古民居特殊的保护价值，还须厘清古民居的活化边界与保护底线，引入正面、负面清单管理制度，明确界定鼓励发展类、限制发展类及禁止发展类的业态类型，例如在木制结构的古民居内经营餐饮业，应鼓励以冷食为主的西餐，禁止明火杂炒的中餐。

另一方面，有序扩大宅基地和古民居转让范围，充分发挥市场资源配置作用。宅基地和古民居财产权的交易性是市场发挥作用的前提，故而有必要突破集体内部转让范围，以调整供需失衡矛盾、促进农民财产权益增值。结合改革试点做法，现阶段在农村多元住房保障体系尚未健全的情况下，将合法受让对象扩大为县域范围内符合申请条件的集体经济组织成员较为适宜，未来随着城乡一体化的住房保障体系逐渐建立与完善，农村居民在城市也能够享有基本居住福利和社会保障时，再稳妥扩大至社会主体。

（三）健全宅基地有偿退出机制，分类实施闲置古民居有偿退出政策

实施宅基地与古民居有偿退出可以化解房地所有权主体不一致的难题，强化村集体经济组织对土地集体所有权行使规划、监督、管理等职能，增强了决策自主性，可以结合古民居的实际状况，灵活采取自行开发利用、委托经营或合作经营等多种方式。

（1）对于保存状况尚可的普通古民居，引导产权人自愿有偿退

出。首先，明确有偿退出条件与程序。为了防范风险与化解争端，应为宅基地与古民居退出设置以下条件。①产权人家庭必须办妥确权颁证手续，即取得宅基地使用权证与古民居所有权证。②产权人家庭在农村有其他固定住所或者在城镇有固定住所、稳定的就业及可靠的非农收入来源。③产权人家庭退出产权时须经村集体经济组织"一事一议"的程序并获得同意；不仅如此，对于共有产权的古民居，还须征得共有产权人同意。

其次，制定合理的补偿方案，多渠道筹集补偿资金。一方面，对于古民居所有权的退出补偿，可引入第三方房地产评估机构，根据保护级别、建造年限、建筑结构、完好程度等因素制定分类标准，供地方依据评估结果给予一次性现金补偿，实现古民居财产权价值资产化；另一方面，对于宅基地使用权的退出补偿，也可引入第三方房地产评估机构，根据当地经济发展水平、宅基地所处地理区位、收储资金多寡等因素，制定分级、分区甚至分期标准，并据此给予农民合理的经济补偿，实现宅基地使用权价值资产化。

最后，灵活设置退出补偿方式。鼓励采取现金补偿、宅基地或住房置换、社会保障等多种补偿方式保障农民合法权益，主要包括以房换房（将古民居及宅基地直接换城镇住房）、以房换钱（给予一次性现金补偿）以及以房还租（选择居住在城镇的廉租房且有一定金额的补贴），具体程序应涉及提出申请、部门审核、审核公示、部门审批、合同签约、择房、注销宅基地、补偿到位等。

（2）对于有重大险情、列入文物保护单位的民居类文物建筑则应强制实施有偿退出政策。民居类文物建筑是不可再生的资源，其处置权受到《中华人民共和国文物保护法》强制保护。为此，因产权人不具备维护能力、无法履行修缮义务造成民居类文物建筑破损严重、濒临倒塌的情形，可强制实施有偿退出政策，但必须确保程序公正、补偿合理和农民权益不受损失。

（四）完善宅基地与古民居流转交易机制，高效对接多样化市场需求

健全农村产权流转交易市场，畅通古民居开放利用的通道，促进古民居可持续发展并释放出更大的经济效益。一是推进农村产权交易市场建设。按照完善要素市场化配置的基本原则，加速农村产权流转交易市场建设，完善宅基地和古民居市场化定价机制，提升城乡资源要素配置效率，充分显化宅基地和古民居财产性价值。二是搭建城乡互通的流转交易平台。打破宅基地流转的封闭环境，充分运用"互联网+产权交易"的优势，搭建县域内宅基地和古民居流转交易平台，将古民居资源与传统村落的自然生态资源、文化旅游资源结合起来，突破村域界线，采用议价、竞价、挂牌、拍卖等方式高效对接市场需求，大力培育公开、公正、高效的古民居流转市场，让古民居的"冷资产"有价有市。三是构建更为稳定、紧密的利益联结机制。积极引导农户、村集体经济组织、农民合作社、城市居民、社会资本等参与主体探索多元化的经营组织形式，从固定收益、"保底收益+二次分红"、按股分红等不同利益联结方式中选择适宜的方式构建利益共同体，让农民、村集体获得更多收益，激发农民主动参与古民居保护利用的积极性。

（五）建立健全古民居集中收储机制，强化村集体统一规划管理职能

随着宅基地"三权分置"改革深入推进，未来，村集体经济组

织无疑将成为村落中主导宅基地和古民居管理与利用的实施主体。以往集体所有权主体缺位的收回权和监督权在未来改革中将会得到强化，长期闲置宅基地和古民居收归村集体将是必然趋势。对此，建立对闲置古民居及宅基地的集中收储机制是推动村集体经济组织统筹利用的题中之义。据本书调查，所有受访村干部均认为有必要统一规划、综合开发本村古民居资源（100%）。并且，73.33%的受访产权人也表示愿意将自家古民居交由村集体统一利用。

对此，一方面，推动村集体经济组织对集中收储的古民居建立管理台账，统一登记造册，做好收储利用的基础性工作。另一方面，多渠道筹集收储资金。依靠村集体经济组织来集中收储古民居及其宅基地需要大量资金，但这些古民居及其宅基地无法立即变现和迅速增值。为此，对于不具备"回购"古民居及其宅基地条件的"薄弱村"（村集体收入有限）、"空壳村"（无村集体收入与积累）甚或"负债村"，可从以下两方面着手。一是设立宅基地与古民居退出收储基金。收储基金主要通过县级财政预算安排和收储古民居及其宅基地流转收益注入的方式进行筹集，或者将收储的古民居财产权（含宅基地使用权）向银行抵押贷款，用于支付补偿金，古民居及其宅基地使用权流转收入用于支付贷款利息。二是采取"公共财政+中长期贷款+宅基地有偿使用费+择位竞价费+社会捐资+乡贤垫资"等多种方式筹集收储资金。

（六）以村庄规划编制为契机，深度融入古民居保护发展规划

加快推进传统村落"多规合一"实用性村庄规划的编制实施，以村庄规划编制为重要契机，将保护与发展古民居项目融入规划实

施过程中，依托古民居深入挖掘文旅产业新业态。首先，树立以人为本的保护理念。农民是传统村落的创造者和传承人，必须尊重农民的风俗习惯，充分考虑农民的生活、发展以及公平等需求，确保规划方案符合民意。其次，合理规划传统村落用地布局。以城乡统筹、资源共享为原则，合理安排村落基础设施和公共服务设施的选址、规模和标准等，优化村落建设用地结构，将腾退闲置宅基地、整治"空心房"作为保障设施用地的指标来源，推进集体经营性建设用地入市制度改革，破解发展古民居开发项目中的用地难题。最后，引入新业态带动古民居活化利用。突出发展民宿、旅游、康养、度假、休闲、非遗文创、"互联网+"等新产业模式，并鼓励发展传统手工业，延长产业链条，提升产品附加值。

（七）针对闲置、毁损严重的民居文物建筑，实行转变宅基地性质的特殊政策

民居类文物建筑比普通的古民居更具有保护价值，受国家文物部门的严格管理而抬高了其修缮与利用门槛，一般农户囿于经济条件和认识能力难以达到修缮利用要求。2019 年 4 月，中共中央、国务院出台的《关于建立健全城乡融合发展体制机制和政策体系的意见》中提出，"在符合国土空间规划、用途管制和依法取得前提下……允许村集体在农民自愿前提下，依法把有偿收回的闲置宅基地、废弃的集体公益性建设用地转变为集体经营性建设用地入市""推进集体经营性建设用地使用权和地上建筑物所有权房地一体、分割转让"。这为宅基地用地性质转变打开了政策口子。鉴于此，在充分尊重产权人意愿的前提下，可以考虑在传统村落实施强化宅基地集体所有权的特殊土地政策。在现行土地制度框架下，

根据村落发展的用地需求与宅基地实际利用情况，较直接的方式是改变民居类文物建筑占有范围内宅基地的土地性质，尤其是针对常年无人居住、破败毁损程度严重的民居类文物建筑，可优先将其占用的宅基地转变为集体经营性建设用地，交由村集体经济组织统一规划利用，就此给予产权人合理的补偿安置。此外，政府有关部门还应出台配套的实施办法、安置补偿措施等对此进行规范和支持。

（八）健全相关配套制度体系，助推传统村落古民居活化利用

传统村落古民居的活化利用是一个系统工程，相关政策制度的不明朗也是造成传统村落保护发展滞后、古民居活化利用效果不理想的重要原因之一，对此，需要完善社会力量参与古民居保护利用机制、产权人利益保护机制、社会保障制度等配套制度体系。

一是健全古民居保护利用机制，引导社会力量广泛参与。社会力量是政府对存量大、分布广的古民居保护不足的必要补充，虽然如今，吸纳社会力量参与已是必然趋势，但目前有关社会力量参与古民居保护利用的法律法规不健全，缺乏明确指引。首先，政府应出台社会资本参与古民居保护相关条例，细化社会力量参与古民居保护利用的内容、方式与程序，鼓励社会资本通过社会公益基金、全额出资、与政府合作等方式参与古民居修缮提升、风貌维护、规划设计、运营管理等全过程；其次，为了鼓励民间力量和社会资本投入古民居的修缮、保护和利用中，应出台专门的财政、税收、金融政策予以支持；最后，政府部门要加强对社会资本开发利用古民居的监管，防止假借文物保护之名盗取或破坏文物等不法行为。

二是建立产权人利益保护机制，激发产权人保护利用古民居的主动性。古民居的产权尽管归产权人（农户）个人所有，但它身上的文化遗产价值归公共所有。现行文物保护法规定的产权人享有的权利和承担的义务出现失衡，产权人背负了文物保护的沉重责任，为文物保护做出了特别牺牲，应当得到补偿。一方面，将科学合理的文物保护补偿机制纳入法制范畴，在清晰界定文物所有权的基础上实现公私利益平衡，合理划分相关单位、相关利益人的事权与支出责任，特别是对低级别民居类文物建筑的保护给予何种补偿做出明确界定与相应政策考量；另一方面，制定奖励性政策，对传统村落中自行出资修缮古民居的产权人予以荣誉表彰，同时也可进行一定比例的修缮费用补贴或者为出资者提供其他方面的优惠政策，进而鼓励其他产权人效仿学习。

三是加快城乡统筹的社会保障制度建设。继续深化财税体制改革，在坚持不断提高社会保障支出总规模及其在 GDP 中所占比例的同时，加强地方主体税种的培育，稳步推进消费税下划地方的步伐，以充分调动地方政府吸纳外来人口落户的积极性，使地方政府向居民提供公共服务的事权与因此培育潜在消费税源而获得的财权相匹配，为构建覆盖全民、城乡融合、可持续、多层次社会保障体系提供财力支撑，逐步从社会保障制度建设上彻底剥离宅基地所承载的生计保障功能，提高农民盘活、流转宅基地和古民居的积极性。

参考文献

艾希，2015，《农村宅基地闲置原因及对策研究》，《中国人口·资源与环境》第 S1 期。

白宪臣、张义忠、贺子奇，2010，《新农村规划建设中传统民居资源的保护与开发利用——以豫西民居为例》，《资源科学》第 9 期。

曹泮天，2012，《论宅基地使用权流转的理论基础》，《法学杂志》第 6 期。

曾旭晖、郭晓鸣，2019，《传统农区宅基地"三权分置"路径研究——基于江西省余江区和四川省泸县宅基地制度改革案例》，《农业经济问题》第 6 期。

陈璐、黄善林，2019，《基于宅基地制度改革的贫困农户住房保障及其对策研究——以黑龙江省 9 县（区）3370 户农户为样本》，《求是学刊》第 4 期。

陈胜祥，2022，《农村宅基地"三权"分置：问题导向、分置逻辑与实现路径》，《南京农业大学学报》（社会科学版）第 2 期。

陈小君、蒋省三，2010，《宅基地使用权制度：规范解析、实践挑战及其立法回应》，《管理世界》第 10 期。

陈志华、李秋香，2008，《乡土建筑遗产保护》，黄山书社。

邓大才，2015，《产权单位与治理单位的关联性研究——基于中国农村治理的逻辑》，《中国社会科学》第 7 期。

董新辉，2019，《新中国 70 年宅基地使用权流转：制度变迁、现实困境、改革方向》，《中国农村经济》第 6 期。

董祚继，2018，《"三权分置"——农村宅基地制度的重大创新（上）》，《中国土地》第 3 期。

范长煜，2016，《遮掩效应与中介效应：户籍分割与地方城市政府信任的中间作用机制》，《甘肃行政学院学报》第 3 期。

冯骥才，2013，《传统村落的困境与出路——兼谈传统村落是另一类文化遗产》，《民间文化论坛》第 1 期。

高强，2019，《宅基地制度改革试点回顾与未来走向》，《农村经营管理》第 3 期。

高圣平，2019a，《农村宅基地制度：从管制、赋权到盘活》，《农业经济问题》第 1 期。

高圣平，2019b，《宅基地制度改革政策的演进与走向》，《中国人民大学学报》第 1 期。

顾小玲，2013，《农村生态建筑与自然环境的保护与利用——以日本岐阜县白川乡合掌村的景观开发为例》，《建筑与文化》第 3 期。

桂华，2015，《公有制视野下宅基地制度及其改革方向辨析》，《政治经济学评论》第 5 期。

郭君平、仲鹭勍、曲颂等，2020，《宅基地制度改革减缓了农房闲置吗？——基于 PSM 和 MA 方法实证分析》，《中国农村经济》第 11 期。

韩松，2012，《新农村建设中土地流转的现实问题及其对策》，

《中国法学》第 1 期。

贺达水、高强，2018，《农村宅基地制度改革研究》，《理论探索》第 4 期。

侯兆铭、姜乃煊，2018，《少数民族村落文化景观保护对策研究——基于中国东北与西南地区三个典型村寨的比较》，《大连民族大学学报》第 6 期。

胡新艳、罗明忠、张彤，2019，《权能拓展、交易赋权与适度管制——中国农村宅基地制度的回顾与展望》，《农业经济问题》第 2 期。

胡燕、陈晟、曹玮等，2014，《传统村落的概念和文化内涵》，《城市发展研究》第 1 期。

胡银根、吴欣、王聪等，2018，《农户宅基地有偿退出与有偿使用决策行为影响因素研究——基于传统农区宜城市的实证》，《中国土地科学》第 11 期。

黄杰、李晓东、谢霞，2018，《少数民族传统村落活化与旅游开发的互动性研究》，《广西民族研究》第 5 期。

黄鹏进，2014，《农村土地产权认知的三重维度及其内在冲突——理解当前农村地权冲突的一个中层视角》，《中国农村观察》第 6 期。

冀晶娟、肖大威，2015，《传统村落民居再利用类型分析》，《南方建筑》第 4 期。

金晶，2020，《乡村振兴视域下的云南少数民族特色村寨建设》，《云南社会主义学院学报》第 1 期。

靳相木、王海燕、王永梅、欧阳亦梵，2019，《宅基地"三权分置"的逻辑起点、政策要义及入法路径》，《中国土地科学》第

5 期。

孔祥智，2019，《宅基地改革政策沿革和发展方向》，《农村工作通讯》第 12 期。

李国祥，2020，《全面把握"三权分置"，深化农村宅基地制度改革》，《中国党政干部论坛》第 8 期。

李皓，2020，《日本白川乡传统村落保护路径与模式思考》，《民艺》第 1 期。

李红波、张小林，2012，《国外乡村聚落地理研究进展及近今趋势》，《人文地理》第 4 期。

李汀珅、张明皓，2022，《意大利传统村落民居保护干预策略的制定与研究——以〈五渔村干预准则〉经验为例》，《建筑遗产》第 2 期。

李文生、黄庭晚、张大玉，2022，《活态传承视角下我国传统村落保护再生路径辨析》，《小城镇建设》第 1 期。

廖军华，2018，《乡村振兴视域的传统村落保护与开发》，《改革》第 4 期。

林耿、王念、产斯友，2020，《乡村建筑营造：认同的建构，地理科学》第 4 期。

林津、吴群、刘向南，2022，《宅基地"三权分置"制度改革的潜在风险及其管控》，《华中农业大学学报》（社会科学版）第 1 期。

林馨、邱骏、林超，2021，《从人地关系和产业发展角度探究宅基地制度改革试点模式及对策》，《农村经济》第 9 期。

刘恒科，2021，《宅基地"三权分置"的政策意蕴与制度实现》，《法学家》第 5 期。

刘俊杰、岳永兵、朱新华，2020，《农村宅基地制度改革的政策演变与实践探索》，《江南大学学报》（人文社会科学版）第 3 期。

刘润秋、黄志兵，2021，《宅基地制度改革与中国乡村现代化转型——基于义乌、余江、泸县 3 个典型试点地区的观察》，《农村经济》第 10 期。

刘守英，2014，《中国城乡二元土地制度的特征、问题与改革》，《国际经济评论》第 3 期。

刘守英，2015，《农村宅基地制度的特殊性与出路》，《国家行政学院学报》第 3 期。

刘守英，2018，《城乡中国的土地问题》，《北京大学学报》（哲学社会科学版）第 3 期。

刘守英、熊雪锋，2018，《经济结构变革、村庄转型与宅基地制度变迁——四川省泸县宅基地制度改革案例研究》，《中国农村经济》第 6 期。

刘小蓓，2016，《日本乡村景观保护公众参与的经验与启示》，《世界农业》第 4 期。

刘韫，2014，《旅游背景下少数民族村落的传统民居保护研究——以嘉绒藏族民居为例》，《西南民族大学学报》（人文社会科学版）第 2 期。

刘志宏、李钟国，2015，《城镇化进程中少数民族特色村寨保护与规划建设研究——以广西少数民族村寨为例》，《广西社会科学》第 9 期。

龙开胜，2016，《宅基地使用权制度改革的现实逻辑与路径选择》，《社会科学家》第 2 期。

吕萍、于淼、于璐源，2020，《适应乡村振兴战略的新型农村住房制度构建设想》,《农业经济问题》第 1 期。

吕渊,2017,《传统村落中的文物建筑保护问题探讨》,《古建园林技术》第 4 期。

马新,2019,《文明起源视野下的中国早期村落形态》,《中国社会科学》第 8 期。

逄翠玉,2015,《新型城镇化背景下传统村落的保护和发展研究》,硕士学位论文,天津理工大学。

彭一刚,1983,《建筑空间组合论》,中国建筑工业出版社。

钱龙、钱文荣、郑思宁,2016,《市民化能力、法律认知与农村宅基地流转——基于温州试验区的调查与实证》,《农业经济问题》第 5 期。

钱忠好、马凯,2007,《我国城乡非农建设用地市场:垄断、分割与整合》,《管理世界》第 6 期。

乔陆印,2022,《农村宅基地制度改革的理论逻辑与深化路径——基于农民权益的分析视角》,《农业经济问题》第 3 期。

曲颂、仲鹭勍、郭君平,2022,《宅基地制度改革的关键问题:实践解析与理论探释》,《中国农村经济》第 12 期。

权宗田,2014,《中国共产党对实现共同富裕的探索与制度设计》,人民出版社。

任映红,2019,《乡村振兴战略中传统村落文化活化发展的几点思考》,《毛泽东邓小平理论研究》第 3 期。

阮仪三,2001,《护城踪录——阮仪三作品集》,同济大学出版社。

宋志红,2016,《宅基地使用权流转的困境与出路》,《中国土地科学》第 5 期。

宋志红，2019，《乡村振兴背景下的宅基地权利制度重构》，《法学研究》第 3 期。

孙永军、付坚强，2012，《论农村宅基地取得纠纷的表现、原因和处理》，《中国土地科学》第 12 期。

田华，2019，《样态论与风土论：原广司及其学生的聚落研究》，《居舍》第 16 期。

田静，2017，《传统村落中民居建筑的分类保护与更新改造研究——以山西省沁水县郭壁村为例》，硕士学位论文，北京交通大学。

童威、鲍颖，2017，《法国古村落民居的活态化保护经验及借鉴研究——看科西嘉古村 Gaggio 如何避免"空心"留住"乡愁"》，《现代装饰（理论）》第 2 期。

童政：《村庄蓝图如何绘就——广西玉林北流市探索低成本实用性村庄规划调查》，《经济日报》2023 年 4 月 24 日。

王俊龙、郭贯成，2022，《1949 年以来中国宅基地制度变迁的历史演变、基本逻辑与展望》，《农业经济问题》第 3 期。

王路生，2012，《传统古村落的保护与利用研究——以秀水国家历史文化名村为例》，硕士学位论文，重庆大学。

王培家、章锦河、孙枫等，2021，《中国西南地区传统村落空间分布特征及其影响机理》，《经济地理》第 9 期。

王蔷、郭晓鸣，2020，《乡村转型下的农村宅基地制度改革》，《华南农业大学学报》（社会科学版）第 5 期。

王如欣、成露依，2021，《意大利传统村落遗产价值延续与更新策略及对我国乡村振兴的启示——以世界文化遗产五渔村为例》，《小城镇建设》第 5 期。

魏后凯、刘同山，2016，《农村宅基地退出的政策演变、模式比较及制度安排》，《东岳论丛》第 9 期。

吴昊，2022，《农村房地一体确权登记需"对症下药"》《中国房地产》第 19 期。

吴郁玲、石汇、王梅等，2018，《农村异质性资源禀赋、宅基地使用权确权与农户宅基地流转：理论与来自湖北省的经验》，《中国农村经济》第 5 期。

温忠麟、叶宝娟，2014，《中介效应分析：方法和模型发展》，《心理科学进展》第 5 期。

吴桢楠、冯四清，2010，《徽州非典型传统村落的保护与延续初探》，《工程与建设》第 1 期。

夏柱智、贺雪峰，2017，《半工半耕与中国渐进城镇化模式》，《中国社会科学》第 12 期。

向云驹，2016，《中国传统村落十年保护历程的观察与思考》，《中原文化研究》第 4 期。

徐明飞，2019，《基于遗产活化利用视角下的传统村落保护和传承》，《文物鉴定与鉴赏》第 16 期。

严金明、迪力沙提、夏方舟，2019，《乡村振兴战略实施与宅基地"三权分置"改革的深化》，《改革》第 1 期。

杨丽霞，2017，《民居类建筑遗产保护管理的思考》，《中国文物科学研究》第 2 期。

姚树荣、赵茜宇、曹文强，2022，《乡村振兴绩效的地权解释——基于土地发展权配置视角》，《中国农村经济》第 6 期。

叶兴庆，2020，《在畅通国内大循环中推进城乡双向开放》，《中国农村经济》第 11 期。

印子，2014，《农村宅基地地权实践及其制度变革反思——基于社会产权视角的分析》，《中国农村观察》第 4 期。

余敬、唐欣瑜，2018，《实然与应然之间：我国宅基地使用权制度完善进路——基于 12 省 30 个村庄的调研》，《农业经济问题》第 1 期。

岳永兵，2020，《宅基地使用权转让政策嬗变、实践突破与路径选择》，《西北农林科技大学学报》（社会科学版）第 6 期。

岳永兵、刘向敏，2017，《宅基地有偿使用改革的探索与思考》，《中国土地》第 12 期。

叶红玲，2018，《"宅改"造就新农村——大理义乌宅基地制度改革试点探析》，《中国土地》第 5 期。

翟全军、卞辉，2016，《城镇化深入发展背景下农村宅基地流转问题研究》，《农村经济》第 10 期。

詹国辉、张新文，2017，《乡村振兴下传统村落的共生性发展研究——基于江苏 S 县的分析》，《求实》第 11 期。

赵亮，2016，《私人产权不可移动文物迎来保护基金》，《中国商报》4 月 7 日。

张广辉、张建，2021，《宅基地"三权分置"改革与农民收入增长》，《改革》第 10 期。

张克俊、付宗平，2017，《基于功能变迁的宅基地制度改革探索》，《社会科学研究》第 6 期。

张鹏、唐雪琼，2021，《大理白族民居建筑文化保护与传承研究》，《西南林业大学学报（社会科学）》第 4 期。

张清勇、杜辉、仲济香，2021，《农村宅基地制度：变迁、绩效与改革——基于权利开放与封闭的视角》，《农业经济问题》第 4 期。

中共中央党史和文献研究院，2022，《党的十九大以来大事记》，人民出版社。

中国城市科学研究会、住房和城乡建设部村镇建设司、中国·城镇规划设计研究院编，2013，《中国小城镇和村庄建设发展报告》，中国城市出版社。

中国社会科学院农村发展研究所"农村集体产权制度改革研究"课题组，2015，《关于农村集体产权制度改革的几个理论与政策问题》，《中国农村经济》第 2 期。

张勇，2019，《乡村振兴背景下农村宅基地盘活利用问题研究》，《中州学刊》第 6 期。

郑振源、蔡继明，2019，《城乡融合发展的制度保障：集体土地与国有土地同权》，《中国农村经济》第 11 期。

周文、赵方、杨飞等，2017，《土地流转、户籍制度改革与中国城市化：理论与模拟》，《经济研究》第 6 期。

朱新华、陈利根，2014，《城乡一体化进程中农村宅基地制度创新研究》，中国大地出版社。

Anderson, N. M., Ford, R. M., et al. 2017. "Contested beliefs about land-use are associated with divergent representations of a rural landscape as place", *Landscape and Urban Planning*, 157, 75–89.

Andrew, G. 1985. *An introduction to rural geography*. London: Edward Amold.

Abadie, A., Drukker, D., Herr, J. L., and Imbens, G. W. 2004. "Implementing matching estimators for average treatment effects in stata", *The Stata Journal*, 4 (3), 290–311.

Boue, C., and Colin, J. P. 2018. "Land certification as a substitute or complement to local procedures? Securing rural land transactions in the

Malagasy highlands", *Land Use Policy*, 72, 192–200.

Becker, S., and Ichino, A. 2002. "Estimation of average treatment effects based on propensity scores", *The Stata Journal*, (4), 358–377.

Baron, R. M., and Kenny, D. A. 1986. "The moderator-mediator variable distinction in social psychological research: Conceptual, strategic and statistical considerations", *Journal of Personality and Social Psychology*, 51, 1173–1182.

Cloke, P. J. 1980. "New emphases for applied rural geography", *Progress in Human Geography*, 4, 181–207.

Hardie, I. W., Narayan, T. A., Gardner, B. L. 2001. "The joint Influence of agricultural and nonfarm factors on real estate values: An application to the Mid-Atlantic Region", *American Journal of Agricultural Economics*, 83, 120–132.

Hoffman, G. W. 1964. "Transformation of rural settlement in Bulgaria", *Geographical Review*, 1, 45–64.

Hoskins, W. G. 1955. *The making of the English landscape*. London: Hodder & Stoughton.

Janusa, J., and Markuszewskab, I. 2019. "Forty years later: Assessment of the long-lasting effectiveness of land consolidation projects", *Land Use Policy*, 83, 22–31.

Mackinnon, D. P., Krull, J. L., and Lockwood, C. M. 2000. "Equivalence of the mediation, confounding and suppression effect", *Prevention Science*, 1 (4), 173–181.

North, D. C. 1994. "Economic performance through time", *The American Economic Review*, 84 (3), 359–368.

Richard, F. D. , and Daniel, R. M. 2007. "Teardowns and land values in the Chicago metropolitan area", *Journal of Urban Economics*, 61, 45-63.

Rosenbaum, P. R. , and Rubin, D. B. 1983. "The central role of the propensity score in observational studies for causal effects", *Biometrika*, 70 (1), 41-55.

Stockdale, A. 2010. "The diverse geographies of rural gentrification in Scotland", *Journal of Rural Studies*, 1, 31-40.

Valsecchi, M. 2014. "Land property rights and international migration: Evidence from Mexico", *Journal of Development Economics*, 110, 276-290.

Zasada, I. , Piorr, A. 2015. "The role of local framework conditions for the adoption of rural development policy: An example of diversification, tourism development and village renewal in Brandenburg, Germany", *Ecological Indicators*, 59, 82-93.

附　录

附录一　传统村落及文化遗产保护利用的政策梳理

层级	形式	编号	政策名称
国家层面	法律法规	1	《中华人民共和国文物保护法》(1982 年发布,2017 年修订)
		2	《中华人民共和国文物保护法实施条例》(2003 年发布,2017 年修订)
		3	《中华人民共和国城乡规划法》(2008 年)
		4	《历史文化名城名镇名村保护条例》(2008 年)
		5	《中华人民共和国非物质文化遗产法》(2011 年)
	通知意见	6	国际古迹遗址理事会《中国文物古迹保护准则》(2000 年发布,2015 年修订)
		7	《文物保护工程管理办法》(2003 年)
		8	《国务院关于加强文化遗产保护的通知》(2005 年)
		9	《关于做好少数民族特色村寨保护与发展试点工作的指导意见》(2009 年)
		10	《关于加强传统村落保护发展工作的指导意见》(2012 年)
		11	《住房城乡建设等部门关于印发〈传统村落评价认定指标体系(试行)〉的通知》(2012 年)
		12	《住房城乡建设部、文化部、国家文物局、财政部关于开展传统村落调查的通知》(2012 年)

续表

层级	形式	编号	政策名称
国家层面	通知意见	13	《国务院关于进一步做好旅游等开发建设活动中文物保护工作的意见》（2012 年）
		14	《少数民族特色村寨保护与发展规划纲要（2011—2015 年）》（2012 年）
		15	《住房城乡建设部关于印发传统村落保护发展规划编制基本要求（试行）的通知》（2013 年）
		16	《住房城乡建设部 文化部 国家文物局关于做好中国传统村落保护项目实施工作的意见》（2014 年）
		17	《住房城乡建设部 文化部 国家文物局 财政部关于切实加强中国传统村落保护的指导意见》（2014 年）
		18	《国务院关于进一步加强文物工作的指导意见》（2016 年）
		19	《国务院办公厅关于进一步加强文物安全工作的实施意见》（2017 年）
		20	《中共中央办公厅 国务院办公厅印发〈关于实施中华优秀传统文化传承发展工程的意见〉》（2017 年）
		21	《国家文物局办公室关于做好首批 51 处全国重点文物保护单位和省级文物保护单位集中成片传统村落整体保护利用项目评估工作的通知》（2018 年）
		22	《中共中央办公厅 国务院办公厅印发〈关于加强文物保护利用改革的若干意见〉》（2018 年）
		23	《国家乡村振兴战略规划（2018—2022 年）》（2018 年）
		24	《中共中央办公厅 国务院办公厅印发〈数字乡村发展战略纲要〉》（2019 年）
		25	《住房和城乡建设部办公厅关于实施中国传统村落挂牌保护工作的通知》（2020 年）
地方层面	法规条例	26	《安徽省皖南古民居保护条例》（1997 年公布，2004 修订）
		27	《江苏省历史文化名城名镇保护条例》（2001 年发布，2010 修订）
		28	《江西省传统村落保护条例》（2016 年）

层级	形式	编号	政策名称
地方层面	法规条例	29	《福建省历史文化名城名镇名村和传统村落保护条例》（2017 年）
		30	《江苏省传统村落保护办法》（2017 年）
		31	《贵州省传统村落保护和发展条例》（2017 年）
		32	《四川省传统村落保护条例（草案代拟稿）》（2019 年）
	管理办法	33	《福建省传统村落调查实施工作方案的通知》（2012 年）
		34	《福建省传统村落和历史建筑、特色建筑保护发展"十三五"规划（征求意见稿）》（2016 年）
		35	《广东省人民政府办公厅印发关于加强历史建筑保护意见的通知》（2014 年）
		36	《贵州省人民政府关于加强传统村落保护发展的指导意见》（2015 年）
		37	《浙江省人民政府办公厅关于加强传统村落保护发展的指导意见》（2016 年）
		38	《浙江省非物质文化遗产保护发展"十三五"规划（2016—2020 年）》（2016 年）
		39	《浙江省人民政府关于印发浙江省传承发展浙江优秀传统文化行动计划的通知》（2018 年）
		40	《安徽省传统村落保护发展"十三五"规划》（2016 年）
		41	《江苏省"十三五"美丽宜居城乡建设规划》（2016 年）
		42	《湖南省人民政府办公厅关于切实加强传统村落保护发展的通知》（2017 年）
		43	《关于印发〈湖南省历史文化名村保护规划编制技术指南〉（试行）的通知》（2018 年）
		44	《关于印发〈湖南省历史文化街区划定和历史建筑确定技术指南〉（试行）的通知》（2018 年）
		45	《北京市人民政府办公厅关于加强传统村落保护发展的指导意见》（2018 年）
		46	《陕西省传统村落保护发展规划》（2019 年）
		47	《四川省人民政府办公厅关于加强古镇古村落古民居保护工作的意见》（2019 年）
		48	《河南省传统村落保护发展三年行动实施方案（2020—2022 年）》（2020 年）
		49	《云南省人民政府办公厅关于加强传统村落保护发展的指导意见》（2020 年）

附录二 新一轮农村宅基地制度改革试点地区名单

一 104 个试点县（市、区）

北京市：昌平区、大兴区；

天津市：静海区、蓟州区；

河北省：邯郸市峰峰矿区、邢台市信都区、定州市、平泉市；

山西省：清徐县、泽州县、平遥县；

内蒙古自治区：开鲁县、五原县、乌兰浩特市；

辽宁省：沈阳市沈北新区、沈阳市于洪区、大连市旅顺口区；

吉林省：长春市九台区、梅河口市、通榆县；

黑龙江省：桦南县、兰西县、安达市；

上海市：松江区、奉贤区；

江苏省：沛县、常州市武进区、溧阳市、昆山市、盱眙县、泗阳县；

浙江省：象山县、龙港市、德清县、义乌市、江山市；

安徽省：泗县、金寨县、东至县；

福建省：沙县、晋江市、建瓯市；

江西省：湖口县、鹰潭市余江区、大余、永丰县；

山东省：平度市、潍坊市寒亭区、汶上县、兰陵县、禹城市；

河南省：巩义市、孟津县、宝丰县、长垣市、新县；

湖北省：大冶市、宜城市、沙洋县、恩施市；

湖南省：浏阳市、汨罗市、宁远县、凤凰县；

广东省：南雄市、珠海市斗门区、佛山市南海区、德庆县、龙门县、陆河县；

广西壮族自治区：鹿寨县、贵港市覃塘区、北流市；

海南省：海口市琼山区、文昌市；

重庆市：大足区、永川区、梁平区；

四川省：成都市郫都区、泸县、眉山市彭山区、宜宾市翠屏区、西昌市；

贵州省：息烽县、湄潭县、金沙县；

云南省：宜良县、玉溪市江川区、大理市；

西藏自治区：曲水县、山南市乃东区；

陕西省：西安市高陵区、富县、神木市、柞水县；

甘肃省：武威市凉州区、陇西县、康县；

青海省：湟源县、祁连县；

宁夏回族自治区：贺兰县、平罗县；

新疆维吾尔自治区：奇台县、伊宁市。

二　3个整建制地级市

安徽省：滁州市（琅琊区、南谯区、天长市、明光市、来安县、全椒县、定远县、凤阳县）；

四川省：资阳市（雁江区、安岳县、乐至县）；

浙江省：绍兴市（越城区、柯桥区、上虞区、诸暨市、嵊州市、新昌县）。

附录三　调查问卷——村民问卷与村级问卷

A 问卷编码：＿＿＿＿＿＿＿＿

＿＿＿＿＿省（区、市）＿＿＿＿＿市＿＿＿＿＿县（市、区）

＿＿＿＿＿＿乡（镇、街道）＿＿＿＿＿＿村（社区）

传统村落古民居活化利用调查问卷

　　本问卷旨在了解传统村落古民居活化利用状况，相关信息和数据仅供撰写研究报告使用，请放心如实回答。感谢您的参与！

Ⅰ-村民问卷

一、受访产权人的基本情况

1. 姓名＿＿＿＿＿＿＿＿，性别（　　）
　　A. 男　　　　B. 女
2. 您的年龄＿＿＿＿＿＿＿（周岁）
3. 您的民族（　　）
　　A. 汉族　　　B. 少数民族
4. 您的受教育程度是？（　　）
　　A. 小学及以下　　　　　B. 初中　　　　　　　　C. 高中或中专
　　D. 大学生（专科和本科）　　E. 研究生（硕士及以上）
5. 您从事的主要工作是？（　　）
　　A. 务农　　　　　B. 开餐馆/农家乐　　　C. 零售特产
　　D. 打工　　　　　E. 个体经营者　　　　F. 教师
　　G. 政府职员　　　H. 其他＿＿＿＿＿＿
6. 您是否拥有本古民居的完整产权？（　　　）
　　A. 是　　　B. 否，共＿＿＿＿个产权人
7. 您家古民居建筑有＿＿＿＿层，共＿＿＿＿间，总建筑面积为＿＿＿＿平方米？
8. 您家古民居建筑保存状况如何？（　　　）
　　A. 完好　　　B. 一般　　　C. 较差

---

9. 您家现是否在自有的古民居内居住？（　　）

　　A. 是　　　　B. 否

10. 您喜欢住在哪种类型的住房内？（　　）

　　A. 古民居内　　　B. 村内自建新房　　　　C. 县城住宅楼

11. 您家庭人口总数？_____（户籍）

12. 您家庭年收入？_____（单位：万元）

二、产权人对传统村落古民居活化利用的认知情况

1. 您平时关注传统村落古民居的活化利用吗？（　　）

　　A. 极少关注　　　B. 不太关注　　　C. 一般

　　D. 比较关注　　　E. 非常关注

2. 您认为活化利用传统村落古民居重要吗？（　　）

　　A. 很不重要　　　B. 不太重要　　　C. 一般

　　D. 比较重要　　　E. 非常重要

3. 您认为本村古民居活化利用程度怎样？（　　）

　　A. 非常低　　　B. 比较低　　　C. 一般

　　D. 比较高　　　E. 非常高

4. 您对目前保护传统村落古民居的相关政策法规及其监管力度如何评价？（　　）

　　A. 非常差　　　B. 比较差　　　C. 一般

　　D. 比较好　　　E. 非常好

5. 您对目前活化利用传统村落古民居的相关政策法规及其落实力度如何评价？（　　）

　　A. 非常差　　　B. 比较差　　　C. 一般

　　D. 比较好　　　E. 非常好

6. 您认为下面哪些因素阻碍了传统村落古民居的活化利用？（　　）（可多选）

　　A. 现行宅基地政策的限制性规定

　　B. 政府重视程度和政策支持不够

　　C. "修旧如旧" 费用高且资金匮乏

　　D. 配套政策缺失或贯彻执行不到位

　　E. 村民活化利用意识、能力欠缺

　　F. 市场需求冷淡　　　G. 地理环境封闭偏僻、交通不便

　　H. 政策法规宣传与指导存在问题　　　I. 社会资金进入受限

　　J. 其他

三、产权人对活化利用传统村落古民居的需求意愿

1. 您愿意活化利用自家的古民居吗？（　　）

　　A. 非常愿意　　　B. 比较愿意　　　C. 无所谓

　　D. 不太愿意　　　E. 很不愿意

2. 您希望获得古民居活化利用的相关政策法规培训吗？（　　）

　　A. 非常希望　　　B. 比较希望　　　C. 无所谓

　　D. 不太希望　　　E. 完全不希望

3. 您最希望通过以下哪种方式活化利用自家的古民居？（　　）（可多选）

    A. 宅基地有偿退出，对"房""地"现金补偿

    B. 宅基地使用权出租　　　C. 宅基地使用权转让

    D. 宅基地使用权入股或联营　　　E. 农民住房财产权抵押（"房地一体"）

    F. 宅基地置换

4. 如果通过宅基地置换来活化利用自家的古民居，您希望采用哪种形式？（　　）

    A. 置换一块新的宅基地

    B. 置换一套农民公寓房及一些配套优惠条件

    C. 置换一套城镇商品房及一些配套优惠条件

    D. 置换其他条件（如社保）

四、产权人对活化利用传统村落古民居的行为选择

1. 您家的古民居建筑是否采取了活化利用措施？（　　）

    A. 是（请继续回答后续问题）　　　B. 否（请跳至问题4）

2. 您家的古民居建筑活化利用的类型是？（　　）

    A. 传统文化展演（如传统文化教育基地、民俗展览馆、博物馆、陈列馆、文化演示馆）

    B. 村落公共服务（如村民委员会、农家书屋、青少年活动室、老年活动室）

    C. 商业旅游服务（如农家乐餐馆、商铺、民俗客栈、乡村酒吧、影剧院、文化会所）

    D. 办公（如民俗手作设计坊、艺术家之屋、影视拍摄基地）

    E. 认养（如维持原使用功能、根据旅游定位确定改造类型）

    F. 其他

3. 您家古民居建筑活化利用的实施主体是？（　　）

    A. 政府或文教部门主导　　　B. 乡镇政府主导，村民委员会协调

    C. 自主改造　　　D. 企业等外部组织主导　　　E. 政府引导，社会参与

4. 您愿意将自家的古民居建筑做其他使用来增加收入吗？（　　）

    A. 愿意全部他用　　　B. 愿意一部分他用　　　C. 不愿意

5. 您认为自家古民居建筑在保护的同时可以发展哪些项目？（　　）（可多选）

    A. 民宿　　　B. 餐饮　　　C. 展览馆

    D. 办公场所　　　E. 纯粹出租　　　F. 其他

6. 您认为自家的古民居建筑有哪些方面需要改善？（　　）（可多选）

    A. 增建或扩建　　　B. 拆除新建　　　C. 内部功能调整

    D. 外观整治　　　E. 设施增加或改善（给排水、供电等）　　　F. 其他

7. 您是否愿意将自家的古民居建筑交由村集体统一规划利用？（　　）

    A. 是　　　B. 否

8. 您认为活化利用古民居建筑急需政府出台哪方面配套措施？（　　）（可多选）

    A. 财政投入　　　B. 专业人才带动　　　C. 市场机制引导

    D. 激励社会力量参与　　　E. 松绑宅基地制度　　　F. 强化监管制度

    G. 其他

B 问卷编码：_____

_____省（区、市）_____市_____县（市、区）

_____乡（镇、街道）_____村（社区）

Ⅱ－村级问卷（村干部）

一、村庄基本信息

1. 本村农户数量？_____户（按照公安部门登记户籍数统计）。

2. 本村居民人数？_____人（按照常住人口数量统计，指每年在村内居住时间超过 6 个月的人口，包含非户籍人口）。

3. 村庄与县城距离？_____公里（村庄到其最近县城的距离）。

4. 村庄所在地区的地形？A. 平原　　B. 盆地　　C. 丘陵　　D. 山地

5. 本村已活化利用的古民居所占比例为？_____%

二、村干部的满意度、认知及建议

1. 您认为本村古民居的保护现状如何？（　　　）
   A. 保持原貌　　　　　　　　B. 整饰为主（基本维护）
   C. 修缮为主（一定程度损坏）　　D. 重修为主（受损严重）

2. 您对本村古民居利用现状是否满意？（　　　）
   A. 非常满意　　　B. 比较满意　　　C. 一般
   D. 不满意　　　　E. 非常不满意

3. 您认为是否有必要统一规划利用本村古民居？（　　　）
   A. 是　　　B. 否

4. 您认为宅基地制度改革是否有助于古民居的活化利用？（　　　）
   A. 是　　　B. 否

5. 您认为应该通过哪种方式活化利用本村的古民居？（　　　）（可多选）
   A. 宅基地有偿退出，对"房""地"现金补偿
   B. 宅基地使用权出租　　C. 宅基地使用权转让
   D. 宅基地使用权入股或联营　　E. 农民住房财产权抵押（"房地一体"）
   F. 宅基地置换

6. 您认为本村古民居应该如何发展？（　　　）
   A. 政府决定一切　　B. 以开发商为主，政府为辅，统一商业开发
   C. 多开发商进行，协作开发　　D. 村民自主发展

7. 您认为本村古民居应向哪种类型发展？（　　　）（可多选）
   A. 古村名胜风景区　　B. 农业体验度假　　C. 民俗文化村
   D. 酒店式度假村　　　E. 艺术创客　　　　F. 其他

8. 您认为活化利用古民居需要借助哪些力量？（　　　）（可多选，并按重要性排序）
   A. 政府　　　　　B. 村集体　　　C. 开发商
   D. 农民合作社　　E. 村民　　　　F. 其他

9. 您认为宅基地制度改革给古民居活化利用带来了哪些有利影响？

10. 您认为古民居活化利用的制约因素有哪些？应如何完善？（特别是宅基地制度方面）

11. 您认为活化利用本村古民居，政府须出台哪些政策？

12. 您对活化利用古民居还有哪些建议？

图书在版编目（CIP）数据

宅基地制度改革与传统村落古民居的活化利用 / 曲
颂，郭君平著 . --北京：社会科学文献出版社，2024.5
ISBN 978-7-5228-3551-8

Ⅰ.①宅… Ⅱ.①曲… ②郭… Ⅲ.①农村-住宅建
设-土地制度-研究-中国 Ⅳ.①F321.1

中国国家版本馆 CIP 数据核字（2024）第 080054 号

宅基地制度改革与传统村落古民居的活化利用

著　　者 / 曲　颂　郭君平

出 版 人 / 冀祥德
责任编辑 / 高　雁
责任印制 / 王京美

出　　版 / 社会科学文献出版社·经济与管理分社（010）59367226
　　　　　地址：北京市北三环中路甲 29 号院华龙大厦　邮编：100029
　　　　　网址：www.ssap.com.cn
发　　行 / 社会科学文献出版社（010）59367028
印　　装 / 三河市尚艺印装有限公司

规　　格 / 开　本：787mm×1092mm　1/16
　　　　　印　张：14.75　字　数：177 千字
版　　次 / 2024 年 5 月第 1 版　2024 年 5 月第 1 次印刷
书　　号 / ISBN 978-7-5228-3551-8
定　　价 / 128.00 元

读者服务电话：4008918866